Kleine Reihe · Politische Bildung · Didaktik und Methodik

Herausgegeben von Gotthard Breit, Ursula Buch, Bernward Debus und Peter Massing

W0078244

Bernd Janssen

Methoden-
orientierte
Politikdidaktik

Methoden zur
Sachanalyse und
Unterrichtsplanung

**WOCHEN
SCHAU
VERLAG**

Bibliografische Information der Deutschen Bibliothek

Die Deutsche Bibliothek verzeichnet diese Publikation in der Deutschen Nationalbibliografie; detaillierte bibliografische Daten sind im Internet über http://dnb.ddb.de abrufbar.

© by WOCHENSCHAU Verlag
Schwalbach/Ts., 3. vollst. überarb. u. erw. Aufl. 2008

www.wochenschau-verlag.de

Titelgestaltung: Ohl Design
Gesamtherstellung: Wochenschau Verlag
Titelbild: dpa
ISBN 978-3-89974388-3

Inhalt

„Besinnt sich die Didaktik der politischen Bildung wieder auf [...]
die Reflexion der praktischen Möglichkeiten und Grenzen von Aufklärung
im Unterricht, so wird sie zu Zielprojektionen und Handlungsvorschlägen
für diesen Unterricht finden, die einerseits bescheidener sind als die
bisher gewohnten und die andererseits den Bedingungen und
Möglichkeiten der Schulpraxis besser entsprechen und dadurch für die
Verbesserung des Unterrichts möglicherweise mehr leisten können als
überzogene Anforderungen, die nicht selten dazu führen, dass die
Praktiker die didaktischen Modelle als unrealistisch beiseite legen oder
aber, dass die Fachdidaktik nur noch schlechtes Gewissen
und Resignation erzeugt.

Rolf Schmiederer

„Gute Theorien sind gut geerdete Schienen, auf denen die Praxis
weitergleitet. Je weiter die Landschaft und je größer das Schienennetz,
umso wichtiger sind Grundkenntnisse der Umgebung, Präzision
der Technik und Sorgfalt für die Weichenstellung."

Ruth C. Cohn

„Wer Großes leisten will,
muss tief eindringen,
scharf unterscheiden,
vielseitig verbinden und
standhaft beharren."

Friedrich Schiller

1. Methodenorientierte Politikdidaktik: Plädoyer für eine realistische und konkrete Fachdidaktik

Vor rund 30 Jahren sah ich in der sich an den Universitäten etablierenden Disziplin Politikdidaktik den zentralen Ort, um die Ansprüche einer kritischen Erziehungswissenschaft, einer aufklärenden pädagogischen Praxis und die Ideale einer demokratischen Gesellschaft zusammenzuführen. Mittlerweile ist Ernüchterung eingetreten. Die Theorien der politischen Bildung haben wenig Einfluss auf die Gestaltung des alltäglichen Politikunterrichts. Vieles, was an den Universitäten fachdidaktisch gelehrt wird, gerät bereits im Referendariat in Vergessenheit. Nach dem Zweiten Staatsexamen wird der Graben zwischen Theorie und Praxis noch tiefer.

Das hier mit wenigen Zeilen in Erinnerung gebrachte Dilemma hat viele Ursachen und Hintergründe, folglich gibt es keine einfachen Lösungen. Wahr bleibt für mich, die Fachdidaktik könnte der Ort sein, um Theorie und Praxis der schulischen Bildung im Interesse des pädagogischen Fortschritts in ein kritisches und konstruktives Spannungsverhältnis zu bringen. Warnen möchte ich vor voreiligen Schuldzuweisungen an die Adresse der Praxis. Im Gegenteil! Es ist zu fragen, wie sich die politikdidaktische Literatur verändern könnte, um für die Praxis attraktiver zu werden. Aus meiner Sicht möchte ich die folgende Antwort geben:

- Die Ziele und methodischen Ansprüche politikdidaktischer Modelle müssen im Unterrichtsalltag unter Beachtung der institutionellen Bedingungen einlösbar sein, und einlösbar sein, ohne Lehrende und Lernende zu überfordern. Das heißt, auch Lehrende, die mehr als 20 Stunden pro Woche unterrichten, müssen in der Lage sein, politikdidaktische Positionen umzusetzen, ohne dass der Arbeitsaufwand ein zumutbares Maß überschreitet – und der Zeitraum von 45 bis 90 Minuten, der für das Nebenfach Politik wöchentlich nur zur Verfügung steht, muss die Umsetzung konzeptioneller Ansprüche im Rahmen einer sinnvollen Jahresplanung zulassen. In diesem Sinne realistische politikdidaktische Theorien sind bislang die Ausnahme – auch wenn die Vermarktung didaktischer Literatur stereotyp mit dem falschen Anschein operiert, sie sei aus der Praxis für die Praxis verfasst. Wenn es in der didaktischen Theoriearbeit zur Regel würde, das im pädagogischen Alltag Mögliche kreativ auszuloten und zugleich das Bedingungsgefüge der schulischen politischen Bildung bewusst zu beachten, dürfte die Nachfrage und Akzeptanz entsprechender Literatur deutlich zunehmen und damit der pädagogische Fortschritt angestoßen werden, den (auch) der Politikunterricht so dringend benötigt.

- Theorien der politischen Bildung sind erst dann glaubwürdig, wenn sie an Unterrichtsthemen veranschaulicht und damit konkretisiert werden. Es muss ein konkretes Bild dessen vermittelt werden, wie die Anwendung einer bestimmten politikdidaktischen Theorie die Unterrichtspraxis gestaltet. Es ist notwendig, im Rahmen einer jeden Konzeption den gewünschten Lehr- und Lernprozess präzise zu beschreiben. Ich stimme in dieser Frage mit Wolfgang Hilligen überein: „Didaktische Theorie bleibt unwirksam, sofern sie ihre Prinzipien und Theoreme nicht schlüssig und eingängig bis in einzelne Schritte des Unterrichts hinein verfolgt."[1] Bislang ist die universitäre Fachdidaktik noch weit davon entfernt, die Umsetzung ihrer Theorien in konkrete Beispiele als selbstverständliche Prämisse der Literaturproduktion anzuerkennen. Es ist deprimierend, dass in den letzten Jahrzehnten zahlreiche Modelle der politischen Bildung – ja sogar Standardwerke zur Methodik – veröffentlicht wurden, ohne dass diese häufig sehr umfangreichen Schriften auch nur ein einziges Unterrichtsbeispiel präsentieren.

- Politikdidaktische Konzeptionen sollten so verständlich und so kurz wie möglich abgefasst werden. Es kommt nicht darauf an, Belesenheit zu demonstrieren, sondern das sachlich Notwendige so rational wie möglich zu präsentieren.

Die methodenorientierte Politikdidaktik (MPD) ist eine Theorie des politischen Unterrichts, die für das pädagogische Handeln realistische und konkrete Perspektiven aufzeigen will. Hintergrund meiner Konzeption ist das pragmatische Selbstverständnis einer gleichwohl an der

Idee der Aufklärung festhaltenden Fachdidaktik – ein Selbstverständnis, das ich mit Rolf Schmiederer[2] und Hermann Giesecke[3] teile. Die erste Fassung meiner Variante einer sowohl kritischen als auch pragmatischen Politikdidaktik erschien 1986[4], überarbeitet und erweitert wurde die MPD 1992 veröffentlicht[5], die dritte Version erschien 1997[6]. Auch die hier vorliegende vierte Fassung weist viele neue Elemente auf, insbesondere eine Folge des Bemühens, die Praktikabilität und Überzeugungskraft der eigenen Konzeption zu verbessern.

Die MPD versucht, Handlungskompetenz für jene grundlegenden Aufgaben zu vermitteln, die im Rahmen der Unterrichtsvorbereitung alltäglich zu bewältigen sind:

- Themenwahl
- Sachanalyse
- Unterrichtsplanung

Da es unzählige Themen gibt, die sich im politischen Unterricht sinnvoll behandeln ließen, aber der Zeitraum, der im staatlichen Politikunterricht zur Verfügung steht, äußerst knapp ist, empfehle ich, die Zusammenstellung von Themen im Rahmen einer sinnvollen Jahresplanung am Prinzip des Exemplarischen zu orientieren. Es stellt sich damit die einfache aber zentrale Frage, inwieweit sich Themen der gleichen Grundstruktur zu Inhaltsbereichen bündeln lassen, so dass die Möglichkeit entsteht, diese exemplarisch zu bearbeiten. Vielleicht ist eine Parallele zum Literaturunterricht hilfreich. Im Deutschunterricht ist es selbstverständlich, zwischen Gedichten, Kurzgeschichten, Novellen, Romanen usw. zu unterscheiden und jeden Literaturbereich exemplarisch zu thematisieren. Eine vergleichbare Unterscheidung ist uns hinsichtlich der Welt des Politischen nicht geläufig. Es wird damit zur Sache der Politikdidaktik, Themen der gleichen Struktur in Inhaltsbereiche zusammenzufassen, um dem erkenntnisleitenden Interesse nach exemplarischen Lehr- und Lernprozessen den Weg zu bahnen. Oder sollten alle Erscheinungsformen der politischen Wirklichkeit so einzigartig sein, dass eine Typologie des Politischen nicht möglich ist? Ich teile diesen Vorbehalt nicht mehr, denn inzwischen bin ich in meiner Suche nach verschiedenen Inhaltsbereichen zu konkreten Ergebnissen gelangt. In vier Kapiteln präsentiere ich die Inhaltsbereiche „Politisch empörende Ereignisse", „Schlüsselprobleme der Gesellschaft", „Aktuelle politische Konflikte", „Politisch bedeutsame Institutionen und Organisationen". Es ergibt sich damit die Möglichkeit, im Ablauf eines Schuljahres Themen so auszuwählen, dass alle Inhaltsbereiche exemplarisch aufgegriffen werden. Diese Vorgehensweise vermeidet Einseitigkeiten, positiv gesagt: Der Vielfalt der politischen Wirklichkeit wird hinreichend Rechnung getragen.

Es ist hilfreich, der Unterrichtsplanung eine Sachanalyse voranzustellen. Ich habe für jeden Inhaltsbereich eine spezifische Analysemethode erarbeitet. Die Analysemethoden bestehen aus drei bis vier Schlüsselfragen, um die Sachanalyse systematisch, kritisch und so zügig wie möglich realisieren zu können. Für routinierte Lehrer und Lehrerinnen mag es in der Regel genügen, die Analyse des Themas im Kopf „durchzuspielen". Studierende und Referendare sollten die Analyse der Sache zumindest in knappen Formulierungen ausarbeiten.

Für die Aufgabe der Unterrichtsplanung habe ich praktikable Planungsmethoden entworfen, die zu einer gründlichen und kritischen Auseinandersetzung mit politischen Themen führen – ihre Anwendung wird in den folgenden Kapiteln ausführlich dokumentiert. Die Planungsmethoden bauen auf den Analysemethoden auf, erweitern diese aber um den Schritt „Rückblick und Ausblick", um die Option offenzuhalten, Lernende auch zur Unterrichtskritik und zur Mitbestimmung im Unterricht befähigen zu können. Eine jede Planungsmethode eignet sich für alle Themen eines bestimmten Inhaltsbereiches. Die Anwendung der Planungsmethoden führt zu einer klaren Strukturierung politischer Lehr- und Lernwege – ihre wiederholte Anwendung „überführt" die Aufgabe der Unterrichtsplanung in einen Prozess rationeller und reflektierter Routine. Die Lernenden können im methodenorientierten Politikunterricht die positive Erfahrung machen, dass die Bearbeitung konkreter Themen zugleich die Chance der Aneignung der Analysemethoden einschließt. Damit wird das pädagogische Postulat „Das Lernen lernen" zu einem realisierbaren Anspruch. Kreativ wird der methodenorientierte Politikunterricht, wenn es gelingt, in die methodische Ausgestaltung von Unterrichtssituationen die erfahrungsorientierten Möglichkeiten des spielerischen oder erkundenden Lernens oder andere Formen der Handlungsorientierung zu integrieren.

Der Doppelcharakter der Methodenorientierung – Analyse- und Planungsmethoden – begründet die für diese politikdidaktische Konzeption gewählte Bezeichnung. Missverständnisse, die sich aus dem Sachverhalt ergeben, dass ich den Begriff „Methodenorientierung" anders gebrauche als im pädagogischen Sprachgebrauch üblich, sollten sich mit der hier vorliegenden Ausarbeitung erledigt haben. Alle Methoden wurden in der analytischen und unterrichtsplanenden Auseinandersetzung mit konkreten Themen entwickelt und unter dem Eindruck kritischer Einwände immer wieder überarbeitet.

Anmerkungen

1 Wolfgang Hilligen, Zu Theorie und Praxis im Politikunterricht, in: Zur Theorie und Praxis der politischen Bildung, hrsg. von der Bundeszentrale für politische Bildung, Bonn 1990, S. 295

2 Rolf Schmiederer, Politische Bildung im Interesse der Schüler, Hannover 1977

3 Hermann Giesecke, Politische Bildung. Didaktik und Methodik für Schule und Jugendarbeit, Weinheim 1993

4 Bernd Janssen, Wege politischen Lernens. Methodenorientierte Politikdidaktik als Alternative zur Pädagogik der guten Absichten, Frankfurt am Main 1986

5 Bernd Janssen, Methodenorientierter Politikunterricht. Perspektiven für eine kritische und kreative politische Bildung, Düsseldorf 1992

6 Bernd Janssen, Konzepte zur Sachanalyse und Unterrichtsplanung, Schwalbach/Ts. 1997

2. Zwischenfragen an den Autor

Die folgenden von mir formulierten Fragen und Antworten sind ein Versuch, den intellektuellen Hintergrund, die leitenden Motive und die Entwicklung der methodenorientierten Politikdidaktik sichtbar zu machen und zugleich auf zentrale kritische Einwände, denen ich in politikdidaktischen Diskussionen über die MPD häufig begegnete, zu antworten. Ohne dieses „Zwischenspiel" eines fiktiven Dialogs bestünde die Gefahr, dass die folgenden Kapitel zu vordergründig, nur als technokratische Anleitung zur Unterrichtsvorbereitung gelesen würden.

Frage: Inwieweit ist Ihre Arbeit an der methodenorientierten Politikdidaktik biographisch geprägt?

Antwort: Ich habe von 1968 bis 1972 an der Pädagogischen Hochschule Bremen studiert. Anschließend habe ich als Referendar in Grund-, Haupt- und Realschulen erlebt, was man seit vielen Lehrergenerationen bis heute den Praxisschock nennt. Praxisschock steht für die leidvolle Erfahrung, dass man an einer Pädagogischen Hochschule oder an einer Universität zahlreiche allgemeindidaktische oder fachdidaktische Theorien kennenlernen kann, um dann als Referendar zu erleben, dass sich diese Theorien im Unterrichtsalltag nicht erfolgreich umsetzen lassen. Die politischen Vorzeichen von Unterrichtstheorien haben in den letzten Jahrzehnten sicher mehrfach gewechselt, geblieben ist mein Misstrauen, dass viele solcher Theorien bis heute zu abstrakt, zu modellhaft, zu illusionär sind, nicht realisierbar unter den Alltagsbedingungen von Schule, folglich engagierte Lehrkräfte immer wieder mit dem Beginn ihrer Berufstätigkeit in eine Situation der Überforderung und des Scheiterns gedrängt werden. Der Oldenburger Schulpädagoge Hilbert Meyer sprach mir deshalb 1980 aus der Seele, als er die vorherrschenden allgemeindidaktischen Konzeptionen als Feiertagsdidaktiken kritisierte. Ich zog aus dieser Misere nicht die Konsequenz, für den Lehrerberuf auf pädagogische Theorien zu verzichten, sondern: Einerseits ideologiekritisch immer wieder zu fragen, inwieweit die Welt der Didaktik auch eine Produktionsstätte pädagogischer Illusionen ist, andererseits die Arbeit aufzunehmen, eine realistische, alltagsnahe Politikdidaktik für eine kritische politische Bildung zu entwerfen, die die Arbeitsbelastung für Lehrkräfte in angemessenen Grenzen hält und gleichzeitig in der heutigen Schullandschaft hinreichend Erfolgserlebnisse für Lehrende und Lernende in Aussicht stellt. Diese pragmatische Grundorientierung war und ist seit Jahrzehnten das zentrale Motiv für meine Arbeit als Politikdidaktiker.

Frage: Führt eine solche pragmatische Grundorientierung nicht zur bildungspolitischen Anpassung an die bestehenden Verhältnisse?

Antwort: Die deutschen Schulverhältnisse politisch zu kritisieren, ist auch für Politikdidaktiker jederzeit legitim: Unser Schulsystem beruht leider auf frühzeitiger Selektion und nicht auf langfristiger Förderung, die vorherrschenden Halbtagsschulen entsprechen nicht mehr den gesellschaftlichen Erwartungen, der randständige Charakter des Nebenfaches Politik entspricht nicht der Bedeutung, die der politischen Bildung in einer Demokratie zukommen sollte. Folglich ist es auch legitim, als Fachdidaktiker die konkrete Utopie einer politischen Bildung zu entwerfen, die möglich wäre, wenn wir z.B. ein ganz anderes Bildungssystem hätten – vielleicht vergleichbar dem in Schweden und Norwegen. Aber: Solange das Nebenfach Politik an Halbtagsschulen im 45-Minuten-Takt und in einem vierfach gegliederten Schulsystem gelehrt wird, sollten alle Politikdidaktiker sich zunächst der Aufgabe stellen, wie z.B. eine Wochenstunde Politik an Real- oder Berufsschulen so vorbereitet und gestaltet werden kann, dass Lehrkräfte und Lernende mit relativer Zufriedenheit in die Pause gehen und der nächsten Politikstunde überwiegend mit Neugier entgegensehen. Wer der Verpflichtung, Lehrkräfte für die Schule von heute pädagogisch handlungsfähig zu machen, ausweicht – diese z.B. an das Referendariat delegiert –, verspielt die zentrale Existenzberechtigung der Fachdidaktik.

Frage: Wie haben Sie zu den Inhaltsbereichen „Politisch empörende Ereignisse", „Schlüsselprobleme der Gesellschaft", „Aktuelle politische Konflikte", „Politisch bedeutsame Institutionen und Organisationen" gefunden?

Antwort: 1973-1975 befasste ich mich im Rahmen meines politikdidaktischen Zweitstudiums an der Universität Gießen intensiv mit
ökologischen Problemen. Ich suchte nach einer Gliederung und zentralen Kategorien, um Literaturbefunde sinnvoll sortieren zu können.
Bereits im Laufe der damaligen Literaturbearbeitung hatte ich die
Idee, dass meine auf die Umweltproblematik bezogene Gliederung
und die dabei verwandten Kategorien generell zur Analyse politisch
bedeutsamer Probleme herangezogen werden könnten. Zugleich lief
in den siebziger Jahren eine sehr umfassende Debatte über konfliktdi-
daktische Modelle – eine Diskussion, die damals insbesondere durch
die Schriften von Hermann Giesecke geprägt wurde. Der bewusste
Vergleich von Problemen und Konflikten, von Gieseckes Kategorien
zur Konfliktanalyse mit den selbst entworfenen Kategorien zur Pro-
blemanalyse führte 1980 zu einem ersten politikdidaktischen Aufsatz,
in dem ich versuchte, Gieseckes konfliktdidaktischen Ansatz um die
Option eines problemorientierten Politikunterrichts zu erweitern.
Dieser Aufsatz war der Einstieg in die Entwicklung einer methodenorientierten Politikdidaktik. Als ich mein Vorurteil, dass die Bearbeitung
politischer Institutionen und Organisationen gleichzusetzen sei mit
einer unkritischen und formalistischen politischen Bildung, überwand,
konnte ich auch diesen Inhaltsbereich für eine methodenorientierte
Politikdidaktik erschließen, so dass die erste umfassende Präsentation
einer eigenen Politikdidaktik ("Wege politischen Lernens") auf drei
Inhaltsbereichen beruhte. Später integrierte ich noch den Inhaltsbereich
"Politisch empörende Ereignisse".

*Frage: Ihre Antwort verdeutlicht, dass verschiedene Inhaltsbereiche für
Ihre Konzeption grundlegend sind. Aber warum sprechen Sie dann
von einer methodenorientierten Politikdidaktik?*

Antwort: Inhaltsbereiche bündeln Themen der gleichen Grundstruktur, so dass sich mit der Auswahl konkreter politischer Themen die
Chance auf einen exemplarischen Politikunterricht eröffnet. Aber erst
mit den vier bereichsspezifischen Analysemethoden, die ich in den
folgenden Kapiteln vorstelle, erhalten Lehrkräfte in Bezug auf die
Aufgabe der Sachanalyse eine methodische Anleitung, mit der sie sich
zügig Klarheit über ihr themenspezifisches Wissen bzw. Nichtwissen
verschaffen können. Und der klassischen Aufgabe einer jeden Didaktik
– Unterricht zu planen, zu realisieren und zu reflektieren – können

Lehrkräfte im Politikunterricht m. E. überzeugender nachkommen, wenn sie ihr pädagogisches Handeln an jener Planungsmethode orientieren, die ich für den jeweiligen Inhaltsbereich ausgearbeitet habe. Den Begriff Planungsmethode verstehe ich dahingehend, dass jede Methode alle Themen eines Inhaltsbereiches für das den Unterricht vorbereitende Planungshandeln erschließt – das heißt pädagogisches Handlungswissen zur Verfügung stellt – und damit zugleich den Lehr- und Lernprozess im jeweiligen Inhaltsbereich grundlegend strukturiert. Planungsmethoden wiederholen potentiell den Weg der Sachanalyse, aber verwandeln ihn in einen Weg des Lehrens und Lernens. Planungsmethoden schaffen eine fachspezifische Professionalität, aber erhalten die Freiheit, Politikunterricht variabel, phantasievoll und kreativ zu gestalten. Die vier Planungsmethoden verweisen unmittelbar auf die zu gestaltende Unterrichtspraxis. Theorie und Praxis rücken in der MPD so nah zusammen wie in vielleicht keiner anderen politikdidaktischen Konzeption. In der erfolgreichen Anwendung der Planungsmethoden hat sich über viele Jahre hinweg immer wieder die prinzipielle Machbarkeit und damit der hinreichende Realismus dieser Theorie der politischen Bildung erwiesen, die Kontinuität von Erfolgserlebnissen für Lehrende und Lernende im methodenorientierten Politikunterricht hat dieser politikdidaktischen Position ihre entscheidende Legitimation verschafft.

Frage: Wäre es auch denkbar, eine methodenorientierte Politikdidaktik an anderen Inhaltsbereichen zu orientieren?

Antwort: Die von mir vorgeschlagenen Inhaltsbereiche begründen eine Politikdidaktik, die wie viele andere in der Tradition der Aufklärung wurzelt. Wer hingegen keine kritische, sondern eine affirmative politische Bildung konstituieren möchte, könnte z.B. erwägen, nicht politische empörende Ereignisse, sondern Erfolgsmeldungen der Tagespolitik, nicht Schlüsselprobleme der Gesellschaft, sondern die Ideale der Demokratie, nicht aktuelle politische Konflikte, sondern Tugenden im politischen Umgang als Inhaltsbereiche auszuweisen. Aber ich bin nicht motiviert, die konservative Variante einer methodenorientierten Politikdidaktik auszuarbeiten.

Frage: In der politischen Wirklichkeit sind doch alle Bereiche miteinander vernetzt: politisch empörende Ereignisse verweisen häufig auf

Schlüsselprobleme, Schlüsselprobleme führen zu politischen Konflikten, diese wiederum werden von politischen Organisationen und Institutionen ausgetragen usw. Ist es daher nicht problematisch, die politische Wirklichkeit in solche Inhaltsbereiche zu untergliedern?

Antwort: Es ist richtig, alle Inhaltsbereiche sind in der politischen Realität miteinander verschränkt. Aber das Ganze von Gesellschaft und Politik kann unmittelbar allenfalls in einem soziologischen Oberseminar über Gesellschaftstheorien zum Thema werden. Um im Politikunterricht eine hoffnungslose Überforderung der Lernenden zu vermeiden, ist es notwendig, die komplexe politische Wirklichkeit in Bereiche zu untergliedern und in diesen nach dem Prinzip des Exemplarischen zu arbeiten. Die objektive Vernetzung aller politischen Themen kann sich aber im Idealfall Schritt für Schritt für die Lernenden erschließen, wenn der Politikunterricht über Jahre hinweg methodenorientiert gestaltet wird.

Frage: Zu jedem Inhaltsbereich zählen viele Themen, aber nach welchen Kriterien sollten die konkreten Themen ausgewählt werden?

Antwort: Wichtig ist zunächst einmal, dass in den Politik-Richtlinien für Lehrkräfte und Lernende eine weitgehende Freiheit der Themenwahl erhalten bleibt oder wieder geschaffen wird. Unter dieser Voraussetzung halte ich die Anwendung der folgenden Auswahlkriterien für sinnvoll:

1. Die exemplarische Berücksichtigung aller Inhaltsbereiche im Rahmen der Jahresplanung ist das grundlegende Kriterium. Alle Inhaltsbereiche sollten abwechselnd und exemplarisch an Hand konkreter politischer Themen bearbeitet werden, um der Vielfalt des Politischen hinreichend Rechnung zu tragen. Zu kritisieren sind in diesem Zusammenhang didaktische Konzeptionen, Richtlinien und Lehrbücher, die den Politikunterricht z.B. auf institutionenkundliche oder konfliktpädagogische Ansätze reduzieren wollen.

2. Beachtung der Interessen der Schülerinnen und Schüler. Es scheint mir ein einfacher Erfahrungswert zu sein, dass die Erfolgschancen des Unterrichts zunehmen, je ausgeprägter die Interessen der Lernenden am jeweiligen Thema sind.

3. Erscheinen mehrere Themen in der Entscheidungssituation als gleichwertig, sollte die Aktualität den Ausschlag geben. Je aktueller ein Thema ist, desto mehr Möglichkeiten eröffnen sich, die Bericht-

erstattung der Medien einzubeziehen und damit den Unterricht vielfältiger und lebendiger zu machen.

Frage: Lassen sich alle Themen des Politikunterrichts in Ihre Inhaltsbereiche einordnen?

Antwort: Zahlreiche Themen sind in ihrer Formulierung von vornherein eindeutig, d.h., sie lassen sich unmittelbar einem bestimmten Inhaltsbereich zuordnen. Wir sind es in der politischen Bildung aber auch gewohnt, viele Themen sehr allgemein anzusprechen – z.B. Lebensbereiche wie Familie, Freizeit und Arbeit zu unterscheiden. Solche Themen müssen umformuliert oder konkretisiert werden, um eine plausible Einordnung in mein System der Inhaltsbereiche zu ermöglichen. In der Perspektive der MPD kann z.B. der Lebensbereich Arbeit nicht unmittelbar zum Thema werden, wohl aber das Thema Arbeitslosigkeit oder Kinderarbeit (Inhaltsbereich „Schlüsselprobleme der Gesellschaft") oder das Thema Arbeitsamt oder Gewerkschaften (Inhaltsbereich „Politisch bedeutsame Institutionen oder Organisationen") oder das Thema Streit um Mindestlöhne oder Kampf um die 35-Stunden-Woche (Inhaltsbereich „Aktuelle politische Konflikte").

Frage: Wie sind Sie in der Ausarbeitung von Analyse- und Planungsmethoden vorgegangen?

Antwort: Ich habe mein Methodenrepertoire nicht in einsamer Abgeschiedenheit am Schreibtisch entworfen, sondern in vielfältiger Kooperation mit Studierenden und Lehrkräften. Ich konnte an der Universität Hannover zahlreiche Seminare und Fachpraktika in Orientierung an der MPD durchführen. Ferner fand mit einigen Lehrkräften, die im Raum Hannover das Fach Politik unterrichten, über viele Jahre hinweg regelmäßig ein theoretischer und praxisorientierter Erfahrungsaustausch statt, der der Weiterentwicklung meiner Methoden sehr förderlich war. Insbesondere wurden immer wieder exemplarisch gewählte Themen herangezogen, um die fachwissenschaftliche und didaktische Tauglichkeit der jeweiligen Methode zu überprüfen und um dann im Falle begründeter Einwände notwendige Korrekturen vorzunehmen. In diesem Prozess der Überprüfung waren z.B. die folgenden Fragestellungen leitend:

- Sind die Fragen der Sachanalyse sachlich gerechtfertigt, für den Inhaltsbereich hinreichend, trennscharf und sprachlich frei von Missverständnissen?
- Ist die Plausibilität der Analysemethoden zu erhöhen, wenn einzelne Aspekte der Schlüsselfragen in einer anderen Form kombiniert werden?
- Sind die Schritte der jeweiligen Planungsmethode so formuliert, dass sie das Anliegen der Leitfrage angemessen reproduzieren?
- Ist durch die Formulierung der Leitfragen sichergestellt, dass sich die Lernenden hinreichend einbringen können (ihre Voreinstellungen, ihre Erfahrungen, ihre Meinungen)?
- Sind alle Methoden sprachlich so formuliert, dass sie für die Lernenden relativ leicht verständlich gemacht werden können?

Frage: Können Sie abschließend den möglichen Horizont eines methodenorientierten Politikunterrichts beschreiben?

Antwort: Im Idealfall – unter der Voraussetzung, dass ein methodenorientierter Politikunterricht andauernd und erfolgreich gestaltet wird –, kann das Interesse der Schülerinnen und Schüler an Politik nachhaltig gefördert werden, ferner die Fähigkeit zur kritischen Analyse politischer Themen im Kontext gesellschaftlicher Verhältnisse sowie die Bereitschaft zur Mitbestimmung im Unterricht. Das realistische Fernziel der MPD wäre ein Politikunterricht, in dem die Schülerinnen und Schüler autonom und zugleich methodenorientiert arbeiten, die Lehrkraft sich auf eine moderierende und beratende Funktion zurückziehen kann.

3. Inhaltsbereich „Politisch empörende Ereignisse" –
Themenwahl / Sachanalyse / Unterrichtsplanung

Die Medien berichten regelmäßig über Ereignisse, die in einer demokratischen Öffentlichkeit berechtigte Empörung auslösen. Das heißt, dieser Inhaltsbereich zielt nur auf solche Tagesereignisse, über deren Negativität aus demokratischer Sicht Konsens besteht. Typische Ereignisse in diesem Sinne sind z.B.: Anschläge auf Angehörige von Minderheiten, die Entführung oder Ermordung von Politikern, Bestechungs- oder Erpressungsvorgänge in der politischen Sphäre, Fälle der Begünstigung von Amtsinhabern, fahrlässig verursachte ökologische Unglücksfälle ...

Die Thematisierung politisch empörender Ereignisse fördert die Medienorientierung und Aktualität der politischen Bildung. Die Lernenden werden gefordert, sich in Täter und Opfer einzufühlen. Es ist damit zu rechnen, dass einige Schüler und Schülerinnen offen oder verdeckt die Partei der Täter ergreifen und damit ihre undemokratische Grundhaltung – z.B. ein latenter Rechtsextremismus – offenbar wird. So bedauerlich diese Haltung auch ist, ihre Offenlegung ist die Voraussetzung dafür, psychologisch sensibel und zugleich parteilich im Sinne der Förderung einer demokratischen Grundhaltung intervenieren zu können. Insofern bietet dieser Inhaltsbereich besondere Chancen der Bearbeitung undemokratischer Haltungen.

Zwei- bis dreimal pro Jahr halte ich es für sinnvoll, ein politisch empörendes Ereignis zum Gegenstand einer kurzen Unterrichtseinheit zu machen, die in der Regel zwei bis vier Stunden umfassen sollte. Grundlage ist ein verständlicher Pressebericht – ggf. auch der Ausschnitt einer Fernsehsendung –, der die wesentlichen aufklärenden Sachinformationen bietet, auch wenn er nicht alle Fragestellungen aufgreift oder beantwortet, die im methodenorientierten Politikunterricht interessant sind [vgl. Dokument M1, S. 20]. Quellen, die unter

M1 Die Geschichte Boi Van Nhos aus Vietnam

Am 14. Oktober 1991, es ist ein Montag, steht Boi Van Nho in der Ostberliner Betonsiedlung Hellersdorf an der Bushaltestelle (...). Als der Bus schon in Sichtweite ist, stürzen sich mehrere Jugendliche auf ihn und schlagen ihm ins Gesicht. Der schmächtige Vietnamese verliert schon beim ersten Schlag das Bewusstsein, sinkt zu Boden. Dort wird sein Körper von Stiefeln mit Stahlkappen traktiert. Die Täter – wie sich später herausstellt, drei Ostberliner Jugendliche zwischen sechzehn und siebzehn Jahren – entkommen unter den Augen zahlreicher Zeugen.

Zwölf Tage bleibt Boi Van Nho auf der Intensivstation im Koma. Wird er den schweren Schädelbasisbruch überleben? [...] Erst als er aus dem Koma erwacht ist und keine Lebensgefahr mehr besteht, trauen sich seine Bekannten, eine Nachricht nach Vietnam zu schicken. Gut zwei Monate nach dem Überfall kann Frau Nho mit dem ältesten Sohn nach Berlin fliegen. Private Spender und der Berliner Senat haben den Flug bezahlt.

Ende November ist Boi Van Nho aus dem Krankenhaus entlassen worden. Die Schädelverletzung gilt als geheilt. Doch ob er je wieder ganz gesund wird, lässt sich nicht sagen. Heute, mehr als vier Monate nach dem Überfall, klagt Herr Nho über starke Gleichgewichtsstörungen. Bei der kleinsten Anstrengung zeigen sich Schweißperlen auf seiner Stirn. Er kann sich nur schwer konzentrieren, hat deutliche Gedächtnislücken, Freunde klagen: ständig verlegt er etwas, findet es nicht wieder und redet manchmal wirres Zeug. Mittlerweile kann Herr Nho wieder kurze Briefe schreiben. Seine wenigen Deutschkenntnisse hat er während des Komas gänzlich verloren. An den Tag des Überfalls kann er sich nicht erinnern. Was passiert ist, weiß er nur aus Erzählungen.

Über seine Ängste [...] spricht Herr Nho nicht. Doch ohne Begleitung von anderen macht er kaum einen Gang. Sein Bewegungsradius misst etwa hundert Meter um das triste Wohnheim herum. „Er ist sehr unselbständig geworden," beobachten die Mitarbeiterinnen der „Beratungsstelle für ausländische Mitbürger", die sich von Anfang an rührig um Herrn Nho gekümmert haben. Sie hatten gehofft, dass Frau Nho schon bald die Betreuung ihres Mannes übernehmen könnte. Aber wie soll das gehen? Berlin ist die erste Stadt, die sie in ihrem Leben gesehen hat. In Vietnam hat sie als Landarbeiterin auf dem Dorf gelebt. Das Fahrrad war das einzige Verkehrsmittel, das sie je benutzt hatte. Jetzt fehlen ihr zum Einkaufen nicht nur die deutschen Worte. Auch die Waren selbst sind ihr fremd.

Wenn die Ärzte Recht behalten, dann wird Boi Van Nho möglicherweise nie mehr voll arbeiten können. Vor drei Jahren war er als einer der letzten Vertragsarbeiter in die DDR gekommen. Um seine Familie zu ernähren, hatte er sich sogar schon als „Gastarbeiter" nach China schicken lassen. In der DDR bekommt Herr Nho zunächst eine Stelle als Landmaschinenarbeiter in der Nähe von Schwerin zugeteilt. 1990 wird ihm gekündigt. Er zieht nach Berlin, findet Arbeit bei einer Reinigungsfirma und eine Bleibe im Wohnheim für „ausländische Arbeitnehmer".

Sollte er seine Arbeitsfähigkeit nicht vollständig zurückgewinnen, dann wird er in Vietnam keine Existenzmöglichkeit mehr haben. Zur Zeit lebt Herr Nho von Krankengeld. Vielleicht bekommt er eines Tages ein Schmerzensgeld oder eine Rente – sofern bei den jungen Tätern dann etwas zu holen ist. Aber das kann Jahre dauern.

DIE ZEIT, NR. 9/1992

diesen Gesichtspunkten geeignet sind, lassen sich seltener finden, als der erste Anschein vermuten lässt. Häufig sind auch Kürzungen eines Zeitungsartikels sinnvoll, um die Quelle im Unterricht besser nutzen zu können. Zeitweilig erfordert es auch die Situation, ein bis zwei weitere Quellen ergänzend einzubeziehen.

Aus demokratischer Sicht ist der Überfall auf Boi Van Nho ein politisch empörendes Ereignis, das mit Hilfe des vorliegenden „ZEIT"-Artikels zum Thema einer kurzen methodenorientierten Unterrichtseinheit gemacht werden kann.

Ich empfehle, der Unterrichtsplanung eine Sachanalyse voranzustellen, d.h. zunächst einmal selber den Weg einzuschlagen, den die Lernenden gehen sollen – allerdings genügt nach meinen Erfahrungen bei Themen dieses Bereiches eine kurze, in Stichworten abgefasste Sachanalyse. Gegenstand der Analyse ist das empörende Ereignis, die Quelle ist nur ein Hilfsmittel.

Methode zur Analyse politisch empörender Ereignisse

1. *Analyseschritt:* Was ist geschehen, und welche Gedanken und Gefühle habe ich zu diesem Ereignis und seinen negativen Auswirkungen? (Es geht zunächst darum, das konkrete Ereignis – hier den Überfall auf Van Nho – genau zu beschreiben und zu versuchen, sich in die Beteiligten einzufühlen. Anschließend sollten mit Hilfe der Quelle die negativen Auswirkungen des Ereignisses geklärt werden, abschließend ist eine erste rationale und emotionale Stellungnahme gefordert.)

2. *Analyseschritt:* Inwieweit ist die Vorgeschichte dieses Ereignisses erkennbar, und welche gesellschaftlichen Ursachen könnten dem Ereignis zugrunde liegen? (Mit Hilfe der Quelle und eigenem Nachdenken ist zu klären, was dem Ereignis konkret vorangegangen sein kann, und zu fragen, inwieweit die gesellschaftlichen Verhältnisse die Entstehung eines solchen Ereignisses begünstigen. Die Täterbiographie ist in der Regel die Brücke von der Vorgeschichte zu den gesellschaftlichen Ursachen. Es geht in diesem Schritt um Erklärungen, nicht um Entschuldigungen!)

3. *Analyseschritt:* Wie reagiert die Umwelt auf dieses Ereignis, und was halte ich für politisch notwendig und durchsetzbar?
(Zu prüfen ist zunächst mit Hilfe der Quelle, ob und wie Betroffene, politische Organisationen und staatliche Institutionen auf dieses Ereignis reagieren. Zu überlegen ist auch über die Botschaft der Quelle hinaus, wie den Opfern noch geholfen werden bzw. was noch in Hinblick auf die Täter unternommen werden könnte. Abschließend sind die Probleme der Durchsetzbarkeit der eigenen Ideen zu bedenken.)

Der Weg der Sachanalyse ist zugleich der Weg des Lehrens und Lernens. Dieser Einsicht folgend habe ich die Methode der Sachanalyse „umgeschrieben" in eine Planungsmethode zur Bearbeitung politisch empörender Ereignisse. Da der Lernprozess auch selbst zum Gegenstand des Lernens werden kann, wird die Analysemethode – bei allen Inhaltsbereichen – um einen Schritt („Rückblick und Ausblick") erweitert.

Planungsmethode zur Strukturierung von Lehr- und Lernwegen zu politisch empörenden Ereignissen

1. **Schritt:** Das Ereignis nachempfinden und bewerten.
   Leitfrage: Was ist geschehen, und welche Gedanken und Gefühle habe ich zu diesem Ereignis und seinen negativen Auswirkungen?

2. **Schritt:** Hintergründe aufarbeiten.
   Leitfrage: Inwieweit ist die Vorgeschichte dieses Ereignisses erkennbar, und welche gesellschaftlichen Ursachen könnten dem Ereignis zugrunde liegen?

3. **Schritt:** Politische Antworten suchen und prüfen.
   Leitfrage: Wie reagiert die Umwelt auf dieses Ereignis, und was halte ich für politisch notwendig und durchsetzbar?

4. **Schritt:** Rückblick und Ausblick.
   Leitfrage: Welche Anlässe gibt es für einen Rückblick auf den Lernprozess, und welche Folgen ergeben sich für den weiteren Unterricht?

Die Anwendung dieser Planungsmethode führt zu einer klaren Strukturierung des Lehr- und Lernweges. Zugleich ist ein solcher Politikunterricht in einem demokratisch legitimen Sinne parteilich: Er ergreift Partei für die Opfer und ringt implizit immer darum, dass die empörende Dimension solcher Ereignisse von allen Lernenden rational und affektiv angenommen wird.

Zum Verständnis der hier vorliegenden Planungsmethode gebe ich noch einige Hinweise, die auch bei der Rezeption der folgenden Planungsmethoden Beachtung finden sollten:

- Die Planungsschritte formulieren die gewünschte Lernleistung. Die Anwendung der Schritte auf das gewählte Unterrichtsthema ergibt die konkreten Lernziele.
- Soweit bei den Leitfragen die Formulierung „ich" oder entsprechende Wendungen auftauchen, ist jeweils der einzelne Schüler bzw. die einzelne Schülerin gemeint (vgl. 8. These, Kapitel 9).
- Die Leitfragen sind Leitfragen für die Planung, was nicht ausschließt, dass sie in besonderen Fällen Eingang in den konkreten Unterricht finden: z.B. um die konkrete Planung gegenüber der Lerngruppe transparent zu machen, um den Unterrichtsverlauf im Rückblick kritisch zu reflektieren, um eine Unterrichtseinheit gemeinsam mit den Lernenden zu planen, um ein Thema von den Lernenden selbstständig bearbeiten zu lassen. Um die unterrichtspraktische Verwendung der Leitfragen für diese Fälle zu erleichtern, wurden sie bewusst in einer leicht verständlichen Sprache formuliert.
- Der letzte Planungsschritt zielt generell darauf, den Unterricht zum Unterrichtsthema zu machen – im Sinne eines Rückblicks oder Ausblicks. Dieser Schritt muss nicht in jeder Unterrichtseinheit realisiert werden. Er kann kurz und punktuell oder zeitintensiv und sehr komplex aufgegriffen werden. Manchmal mag ein Blitzlicht von 5 Minuten genügen, um Rückmeldungen zum gerade abgelaufenen Unterricht zu ermöglichen oder Anregungen für den weiteren Unterricht zu formulieren. Manchmal kann es reizvoll sein, Schritt für Schritt über das gerade behandelte Unterrichtsthema bzw. die eingesetzten Unterrichtsmethoden zu reflektieren und/oder die sozialen Beziehungen in der Klasse kritisch und selbstkritisch zu thematisieren und/oder die Lernenden nachhaltig zur Mitbestimmung des weiteren Politikunterrichts herauszufordern. In besonderen Fällen kann der gemeinsame Ausblick auch dazu führen, das

gerade behandelte Thema in eine politische Aktion einmünden zu lassen.

Abschließend möchte ich die Planungsmethode auf ein konkretes Thema anwenden. Zu diesem Zweck greife ich auf den bereits bekannten „ZEIT"-Artikel zurück.

Ein exemplarischer Unterrichtsentwurf

1. Klasse: 9

2. Thema der zweistündigen Unterrichtseinheit:
   Der Überfall auf Boi Van Nho

3. Globale Lernziele:
   - Fähigkeit und Bereitschaft zur Bearbeitung politisch empörender Ereignisse (inhaltliche Qualifikation);
   - Fähigkeit und Bereitschaft zur Aneignung der Methode zur Analyse politisch empörender Ereignisse (methodische Qualifikation).

4. Konkrete Lernziele:
   - Die S. sollen den Überfall auf Boi Van Nho nachempfinden können.
   - Die S. sollen versuchen, sich die Motive der Täter zu erarbeiten.
   - Die S. sollen realisierbare Möglichkeiten zusammenstellen, wie Boi Van Nho und seiner Familie geholfen werden kann.
   - Die S. sollen darüber nachdenken, wie die Täter zur Verantwortung gezogen werden können.
   - Die S. sollen überlegen, ob und wie das Thema dieser Doppelstunde im weiteren Politikunterricht aufgegriffen werden kann.

5. Verlaufsplanung

Verlaufsplanung in der Übersicht		
Planungsschritte	Lehrer-Schüler-Verhalten	Zeit
1. Schritt:	a) L. liest den ersten Absatz vor (Tische sind im Halbkreis angeordnet).	2 Min.

Das Ereignis nachempfinden und bewerten (vgl. Anm. I)	b) Die Szene an der Bushaltestelle wird nachgestellt – ohne Sprache, im Sinne eines Standbildes (vgl. Anm. II). c) Auswertungsgespräch: Wie hat sich das Opfer gefühlt? – Wie haben die anderen Mitspieler die Situation empfunden? Anschließend sollen die Beobachter das Standbild kommentieren.	5 Min. 7 Min.
2. Schritt: Hintergründe aufarbeiten	a) L. verteilt eine Zitatmontage über die Hintergründe ausländerfeindlicher Anschläge (s. Anlage) als Grundlage für die folgende Gruppenarbeit: Entwerft in Stichworten ein Interview mit zwei kritischen Reportern, in dem die Täter versuchen, ihr Handeln zu erklären (vgl. Anm. III). b) Einige Interviews werden vorgespielt. In jedem Fall sollte die Realitätsnähe der erfundenen Gespräche kurz besprochen werden.	22 Min. 23 Min.
3. Schritt: Politische Antworten suchen und prüfen	a) Der gesamte „ZEIT"-Artikel wird ausgegeben und gelesen bzw. vorgelesen. b) L.-gelenktes Gespräch: – Wie wird versucht, Boi Van Nho zu helfen? (genaue Textauswertung!) – Welche weiteren Möglichkeiten gibt es, Boi Van Nho und seiner Familie zu helfen? – Wie können die Täter zur Verantwortung gezogen werden?	6 Min. 20 Min.
4. Schritt: Rückblick u. Ausblick (vgl. Anm. IV)	L.-gelenktes Gespräch über den weiteren Unterricht. Ein mögliches Ergebnis: Die S. sammeln Zeitungsartikel über andere ausländerfeindliche Ereignisse, die im Klassenzimmer auf einer Wandtapete angebracht werden. Zu einem späteren Zeitpunkt sollen einige dieser Zeitungsartikel methodenorientiert bearbeitet werden, ggf. in Kleingruppen (vgl. Anm. V). Eine Alternative: Vorüberlegungen mit dem Ziel zu erkunden, inwieweit Ausländerfeindlichkeit auch ein Thema an der eigenen Schule ist.	5 Min.

(Bei den ausgewiesenen Zeitangaben handelt es sich selbstverständlich nur um grobe Schätzwerte.)

6. Anlage

Äußerungen über die Hintergründe ausländerfeindlicher Anschläge
(zusammengestellt aus verschiedenen Presseberichten)

Solange in Deutschland Arbeitslosigkeit und Wohnungsnot herrschen, suchen Menschen, die damit nicht fertig werden, nach Sündenböcken, an denen sie ihre Aggressionen ablassen können.

Nach der Wende haben viele Jugendliche in der ehemaligen DDR die Orientierung verloren, sie waren Autorität und Führung gewohnt. Jetzt sind sie durch den Umbruch und die neu gewonnenen Freiheiten zum Teil sehr ängstlich und unsicher geworden.

Viele jugendliche Gewalttäter wurden zu Hause sehr autoritär erzogen. Ihr schulisches Leistungsniveau lag in der Regel sehr niedrig, entsprechend schlecht sind ihre Berufschancen.

Die Werbung rechtsradikaler Gruppen bietet verunsicherten Jugendlichen eine gewisse Chance, nach außen selbstsicher aufzutreten. (Ich bin stolz, ein Deutscher zu sein.) Gemeinsame Parolen und ein einheitliches Outfit geben in der Gruppe ein Gefühl von Geborgenheit und Anerkennung.

2004 stimmte ein Viertel der bundesdeutschen Bevölkerung ausländerfeindlichen Aussagen ausdrücklich zu.

7. Anmerkungen

I)   Bei der Strukturierung der Schritte 1-3 sollte sich die Bearbeitung des Themas in der Regel um die ausgewählte Quelle zentrieren. Angestrebt ist eine gründliche Auseinandersetzung mit der Quelle – und damit mit dem konkreten Thema. Zu einer intensiven Auseinandersetzung mit einer Quelle gehört aber auch, kritisch über ihre Botschaften hinauszugehen.

II) Wenn der Klasse die Methode des Standbildbauens unbekannt ist, sollte der L. die Rolle des Regisseurs übernehmen. Die Beachtung der folgenden Regeln ist sinnvoll: Der Erbauer des Standbildes (= Regisseur) sucht sich Mitspieler aus, die er für geeignet hält und die freiwillig mitspielen. Er baut das Standbild mit den ausgewählten Mitspielern auf, indem er ihre Haltung mit den Händen formt. Die gewünschte Mimik und Gestik kann der Regisseur vormachen. Während der Spielphase darf auch gesprochen werden. Wenn das Standbild fertig ist, verharren alle für eine kurze Zeit in ihrer Position, um das Bild wirken zu lassen.

III) Unabhängig von der eigenen politikdidaktischen Position bin ich davon überzeugt, dass der politische Unterricht vielseitiger ist, die Kompetenzen der Lerngruppe besser nutzt und fördert, auch motivierender ist, wenn er das Prinzip der Erfahrungsorientierung beachtet, das heißt, die methodischen Möglichkeiten des spielerischen oder erkundenden Lernens oder andere Formen der praktischen Gestaltung integriert. Es ist insofern kein Zufall, dass in diesen Unterrichtsentwurf sowohl ein Standbild als auch die Idee, ein Interview zu entwerfen, einbezogen wurden.

IV) Wenn Sie die Planungsmethode mit der konkreten themenbezogenen Planung vergleichen, werden Sie feststellen, dass die Planungsschritte mit unterschiedlicher Intensität zur Anwendung kommen. Das Diktat der Zeit – hier die Beschränkung auf 90 Minuten – führt zu entsprechenden Konzessionen. Man kann diesen Sachverhalt aber auch positiv deuten. Er belegt, dass die Orientierung an der Planungsmethode den Lehrenden Freiräume der inhaltlichen, methodischen und zeitlichen Gestaltung überlässt. Entscheidend ist aus der Sicht der MPD lediglich, dass die themenbezogene Planung am geistigen Horizont der Leitfragen orientiert bleibt – was nicht ausschließt, dass es im Unterricht Situationen geben kann, in denen es sinnvoll ist, von der vorliegenden Planung und damit auch von der Planungsmethode abzuweichen.

V) Es wäre denkbar, dass in einer späteren Doppelstunde Kleingruppen gebildet werden, jede Kleingruppe einen Zeitungsartikel über ein ausländerfeindliches Ereignis erhält und ca. 40 Minuten für die Gruppenarbeit zur Verfügung gestellt werden.

Aufgabe:
Bearbeitet das Ereignis mit Hilfe der Quelle und eigenem Nachdenken in der Abfolge der folgenden Schlüsselfragen:
- Was ist geschehen, und welche Gedanken und Gefühle haben wir zu diesem Ereignis und seinen negativen Auswirkungen?
- Inwieweit ist die Vorgeschichte dieses Ereignisses erkennbar, und welche gesellschaftlichen Ursachen könnten dem Ereignis zugrunde liegen?
- Wie reagiert die Umwelt auf dieses Ereignis, und was halten wir für politisch notwendig und durchsetzbar?

Haltet die Ergebnisse zu diesen Schlüsselfragen schriftlich fest und überlegt euch, wie ihr euer Ergebnis im Plenum vorstellen wollt. Die zweite Stunde stünde dann zur Verfügung, um die Ergebnisse der Gruppenarbeit auszutauschen und zu reflektieren. Am Ende der Doppelstunde könnte ein kritischer Rückblick stattfinden, um die Chancen und Probleme der selbstständigen Anwendung der Analysemethode zu thematisieren.

4. Inhaltsbereich „Schlüsselprobleme der Gesellschaft" –

Themenwahl / Sachanalyse / Unterrichtsplanung

Schlüsselprobleme bezeichnen konkrete und zentrale gesellschaftliche Missstände, die Millionen von Menschen in vielen Staaten schädigen. Solche tendenziell weltweit existierenden Probleme sind z.B.: Gewalt gegen Ausländer, Kindesmisshandlung, Gewalt gegen Frauen, Doppelbelastung von Frauen, Diskriminierung von Frauen in der Arbeitswelt, Armut im Alter, Wohnungsnot, Obdachlosigkeit, Kinderarbeit, Arbeitslosigkeit, Jugendkriminalität, Hunger in der Dritten Welt, Drogenabhängigkeit, das Waldsterben, das Ozonloch, die Erwärmung der Erde, die Verschmutzung der Meere …

Diese konkreten gesellschaftlichen Missstände lassen sich theoretisch allgemeinen Problemlagen zuordnen, und zwar der Friedensfrage, der Geschlechter- und Generationenfrage, der sozialen Frage und der ökologischen Frage. Aber da im Politikunterricht in der Regel nur sehr wenig Zeit für das einzelne Thema zur Verfügung steht, erscheint es zweckmäßiger, konkrete Probleme von zentraler Bedeutung systematisch und mit Tiefgang zu bearbeiten, anstatt die übergeordnete allgemeine Problemlage oberflächlich anzureißen.

Schlüsselprobleme ermöglichen einen aktuellen Politikunterricht, da sie hier und heute existieren, auch wenn sie nicht tagtäglich Schlagzeilen machen. Ein so geprägter Politikunterricht ist nicht von flüchtiger Aktualität, da die zentralen gesellschaftlichen Probleme nicht heute auftauchen und morgen wieder verschwinden. Das heißt, Schlüsselprobleme bezeichnen langfristig bestehende Herausforderungen, die der Politik einen langen Atem abverlangen. Aber ob es der Politik gelingt, auf solche Herausforderungen im Sinne demokratischer und humaner Problemlösungen zu antworten, scheint mir für die Glaubwürdigkeit und Zukunftsfähigkeit der Demokratie von grundlegender

Bedeutung zu sein. Folglich sehe ich auch den Sinn der schulischen politischen Bildung in besonderer Weise darin, die Heranwachsenden zur politischen Auseinandersetzung mit den Schlüsselproblemen unserer Zeit zu befähigen.

Unter der Realität der Schlüsselprobleme leiden unzählige Menschen. Der Leidensdruck schafft eine vielschichtige Betroffenheit. Auch in den Lebensverhältnissen einer jeden Lerngruppe lassen sich zumindest Spuren der Betroffenheit aufzeigen. Von daher sind in der Regel günstige Voraussetzungen gegeben, um Schüler und Schülerinnen für einen problemorientierten Politikunterricht zu motivieren. Andererseits muss bei der Auseinandersetzung mit Themen aus diesem Inhaltsbereich auch vermittelt werden, dass der politische Fortschritt ein mühsamer Prozess kleiner Schritte ist, dass es keine Patentlösungen gibt, um zentrale Probleme von heute auf morgen zu lösen.

Zweimal pro Jahr halte ich es für wünschenswert, ein Schlüsselproblem der Gesellschaft zum Thema einer Unterrichtseinheit zu machen, die in der Regel zwischen 5 und 12 Stunden umfassen sollte. Soweit das Fach Sozialkunde/Politik einstündig erteilt wird, scheint mir die Grenze bei sechs Stunden pro Thema erreicht zu sein. Nach meinen Erfahrungen kann man in Berufsschulen und Realschulen die Lernenden nicht länger als sechs Wochen für ein Thema motivieren. Soweit für das Fach zwei Stunden pro Woche zur Verfügung stehen, halte ich auch zehn- bis zwölfstündige Unterrichtseinheiten für machbar. Um mit diesem knappen Zeitbudget zurechtzukommen, scheint es mir notwendig, nicht die übergeordnete allgemeine Problemlage, sondern das ganz konkrete Schlüsselproblem zum Thema zu machen. Bei der Frage nach den Kriterien zur Auswahl von Schlüsselproblemen ist der Gesichtspunkt zentral, über mehrere Schuljahre hinweg alle vier eingangs erwähnten Problemlagen aufzugreifen, und sich nicht einseitig auf z.B. ökologische oder soziale Themen zu beschränken.

Eine kurze Sachanalyse ist hilfreich, um sich zunächst zu vergegenwärtigen, wie komplex die eigenen Kenntnisse über das jeweilige Schlüsselproblem sind bzw. wie differenziert die persönliche politische Sicht zum Thema ist, inwieweit es noch erforderlich ist, sich mit Hilfe von Fachliteratur genauer zu orientieren. Für routinierte Lehrer und Lehrerinnen mag es in der Regel genügen, die im Folgenden aufgezeigten Analyseschritte im Kopf „durchzuspielen"; Studierende und Referendare sollten die Analyse der Sache zumindest in knappen

Formulierungen ausarbeiten. Da der Weg der Sachanalyse potentiell mit dem Weg des zu planenden Lehr- und Lernprozesses identisch ist, gewinne ich in der Rolle des Lehrenden eine höhere Planungssicherheit, wenn ich den Weg der Analyse zunächst einmal selbst einschlage.

Methode zur Analyse von Schlüsselproblemen der Gesellschaft

1. Analyseschritt: In welchen Formen und in welchem Umfang besteht das Problem, und wie erleben Betroffene diese Situation?

(Es geht zunächst darum, die Formen und den Umfang des Problems mit statistischen Angaben allgemein zu bestimmen. Anschließend geht es um die Betroffenen, das heißt jene, die durch die Missstände materiell oder gesundheitlich oder sozial geschädigt werden und damit unter dem Problem zu leiden haben. Die Verschränkung beider Aspekte in einem Schritt geht auf die Überlegung zurück, die Kälte bloßer Fakten und damit eine falsche Sachlichkeit vermeiden zu wollen.)

2. Analyseschritt: Welche negativen Auswirkungen hat das Problem für den Einzelnen bzw. für die Gesellschaft insgesamt?

(Der Übergang zwischen der Erlebnissituation der Betroffenen – Schritt 1 – und der jetzt zu klärenden negativen individuellen Auswirkungen ist fließend. Schritt 2 thematisiert jedoch auch die negativen Folgen für die Täter, soweit diese bei dem jeweiligen Schlüsselproblem bestimmbar sind. Generell können bei diesem Schritt – auf der individuellen und der gesellschaftlichen Ebene – unterschieden werden: negative Auswirkungen, die bereits gegeben sind, und solche, die noch in der Zukunft zu befürchten sind. In der Regel lassen sich die negativen Auswirkungen eines Schlüsselproblems auch fachlich untergliedern, und zwar in soziale, ökonomische und politische Auswirkungen, bei einigen Schlüsselproblemen sind auch sozialpsychologische oder ökologische Folgen wesentlich.)

3. Analyseschritt: Welche Erklärungsangebote sind vordergründig, und auf welche gesellschaftlichen Ursachen ist das Problem grundlegend zurückzuführen?

(Soweit individuelle Problemerklärungen die Betroffenen und damit die Opfer schuldig sprechen – „Verantwortlich für die Arbeitslosigkeit sind die Arbeitslosen" / „Frauen, die sich von ihren Männern ausnutzen lassen, haben selber schuld" –, werden Vorurteile kultiviert, die sich bei jedem Schlüsselproblem in unterschiedlichen Ausprägungen finden lassen und im Alltagsbewusstsein mal mehr und mal weniger Zustimmung finden. Die Suche nach rationalen Gegenargumenten weist den Weg, um solche vorurteilsgeprägten Meinungen als vordergründig zu enthüllen.

Mehr Wahrheitsgehalt gewinnen individuelle Erklärungen, die das Verhalten der Täter in den Mittelpunkt rücken. Aber einmal abgesehen davon, dass sich nicht bei jedem Schlüsselproblem „Täter" in dem Sinne von persönlich Verantwortlichen bestimmen lassen – abwegig erscheint mir z.B. jeder Versuch, die Massenarbeitslosigkeit in Deutschland einzelnen Politikern oder Managern kausal anzulasten –, bedarf es in jedem Fall einer weitergehenden soziologischen Reflexion, um einzuschätzen, inwieweit die gesellschaftlichen Verhältnisse das Verhalten der Beteiligten prägen bzw. unmittelbar für die Entstehung des Problems verantwortlich sind. Unterbleibt eine solche Reflexion, wird die Kritik gesellschaftlicher Verhältnisse tabuisiert, was nicht im Interesse einer politischen Bildung in der Tradition der Aufklärung liegt.)

4. Analyseschritt: Welche politischen Maßnahmen und Entscheidungen halte ich für geeignet, um individuell zu helfen, und welche politischen Ideen könnten geeignet sein, um die gesellschaftlichen Hintergründe des Problems zu beeinflussen?

(In dieser Phase ist zunächst zu klären, wie jenen, die unter dem Problem zu leiden haben, konkret und unmittelbar geholfen werden kann. Bei einem Teil der Schlüsselprobleme stellt sich auch die Frage, wie mit den Tätern einstellungs- und verhaltensändernd gearbeitet werden kann. Anschließend sind politische Ansätze gesucht, die darauf abzielen, die gesellschaftlichen Verhältnisse strukturell dahingehend zu verändern, dass es möglich wird, das Problem grundlegend zu überwinden. Solche Suchbewegungen können zu pragmatischen, aber auch zu utopischen Perspektiven der Politik führen. Letztlich steht die Frage im Raum, ob eine Welt ohne Kindesmisshandlung, Arbeitslosigkeit, Terrorismus … denkbar und durchsetzbar ist. Zu warnen ist bei dieser abschließenden Fragestellung vor naiven Endzeitlösungen. Die Formulierung „um die gesellschaftlichen Hintergründe des Problems zu beeinflussen" ist ein sprachlicher Versuch, zur Bescheidenheit zu mahnen, ohne die Berechtigung des konkret utopischen Denkens zu bestreiten.)

Nach der Sachanalyse stellt sich die Aufgabe der Unterrichtsplanung. Aus den Analyseschritten werden Leitfragen der Planung. Aus der Einsicht, dass der Unterricht von Zeit zu Zeit auch zum Gegenstand des Unterrichts werden sollte – auch um mit Hilfe der Unterrichtskritik der Schüler und Schülerinnen den zukünftigen Unterricht zu verbessern –, erfährt die Analysemethode als Planungsmethode ihre Erweiterung um den Schritt „Rückblick und Ausblick".

Planungsmethode zur Strukturierung von Lehr- und Lernwegen zu Schlüsselproblemen der Gesellschaft

1. **Schritt:** Die Problemsituation beschreiben und sich einfühlen.
   Leitfrage: In welchen Formen und in welchem Umfang besteht das Problem, und wie erleben die Betroffenen diese Situation?

2. **Schritt:** Folgen einschätzen.
   Leitfrage: Welche negativen Auswirkungen hat das Problem für den Einzelnen bzw. für die Gesellschaft insgesamt?

3. **Schritt:** Hintergründe erarbeiten.
   Leitfrage: Welche Erklärungsangebote sind vordergründig, und auf welche gesellschaftlichen Ursachen ist das Problem grundlegend zurückzuführen?

4. **Schritt:** Politische Lösungsansätze suchen und prüfen.
   Leitfrage: Welche politischen Maßnahmen und Entscheidungen halte ich für geeignet, um individuell zu helfen, und welche politischen Ideen könnten geeignet sein, um die gesellschaftlichen Hintergründe des Problems zu beeinflussen?

5. **Schritt:** Rückblick und Ausblick.
   Leitfrage: Welche Anlässe gibt es für einen Rückblick auf den Lernprozess, und welche Folgen ergeben sich für den weiteren Unterricht?

Der schlüssige Aufbau der Planungsmethode bietet eine konkrete und in Anbetracht der bewussten Beschränkung auf fünf Schritte auch eine realistische Handlungsorientierung, die es im Unterrichtsalltag ermöglicht, Politikunterricht über Schlüsselprobleme der Gesellschaft systematisch zu planen und durchzuführen. Ich empfehle in der Regel die Schritte 1, 3 und 4 als die Schwerpunkte der jeweiligen Unterrichtseinheit zu betrachten. Schritt 2 ist nicht bei jeder Thematik zwingend erforderlich. Die Orientierung an den Leitfragen müsste – wenn sich kein Missverständnis einschleicht – zu einer kritischen Auseinandersetzung mit Gesellschaft und Politik führen. Aus der Sicht der MPD sollte die aufklärende politische Bildung wesentlich eine soziologische politische Bildung bleiben, die immer wieder den Bezug zu den gesellschaftlichen Verhältnissen sucht.

Im Rahmen der konkreten Unterrichtsvorbereitung ist die Planungsmethode zunächst ein Hilfsinstrument, um in Frage kommende Quellen und methodische Ideen fachlich und didaktisch sinnvoll den einzelnen Schritten zuordnen zu können. In der Anwendung der Schritte auf das jeweilige Schlüsselproblem ergeben sich die konkreten Teilthemen und Lernziele der beabsichtigten Unterrichtseinheit. Im Verlauf des Unterrichtsprozesses besteht zu jeder Zeit ein Bewusstsein darüber, welche Lehr- und Lernschritte bereits vollzogen und welche noch erforderlich sind. Lernfortschritte und Lerndefizite können konkret bestimmt und jederzeit gegenüber den Lernenden oder anderen Bezugsgruppen rational ausgewiesen werden. Die Schüler und Schülerinnen haben die Chance, mit Bewusstsein zu lernen, d.h., sie können ihren Lernprozess auch im Rahmen des Schrittes „Rückblick und Ausblick" kritisch reflektieren. Typische Fragestellungen im Sinne eines Rückblicks auf den Lernprozess wären z.B.:

- Inwiefern hat sich die eigene Einstellung gegenüber dem Thema im Verlauf der Unterrichtseinheit verändert?
- Wie zufrieden oder unzufrieden sind wir mit dem Verlauf bzw. den Ergebnissen dieser Unterrichtseinheit?
- Inwiefern war die verbindliche Methodenorientierung hilfreich, das Thema zu bearbeiten, in welchen Situationen wirkte die Methodenorientierung störend?
- Sind einzelne Teilthemen zu kurz gekommen? Wenn ja, sollten sie jetzt noch einmal vertiefend aufgegriffen werden?

Die Methodenorientierung begründet die Hoffnung, den problemorientierten Politikunterricht aus der Unverbindlichkeit des „Nun diskutiert mal schön" hinüberzuleiten in einen fachlich qualifizierten und vielseitigen Lernprozess, der mit dem Lernen in traditionellen Schulfächern konkurrieren kann. Langfristig ist der methodenorientierte Politikunterricht darauf angelegt, dass sich die Schüler und Schülerinnen die methodische Kompetenz zur Analyse von gesellschaftlichen Schlüsselproblemen aneignen und in diesem Sinne das Lernen lernen. In diesem Zusammenhang verweise ich auf das Arbeitsbuch „Schlüssel der Politik", das ich 1996 zusammen mit Günter Tegtmeyer im Cornelsen Verlag herausgegeben habe. In diesem Schulbuch orientieren sich alle Kapitel an der Planungsmethode für den Inhaltsbereich „Schlüsselprobleme der Gesellschaft". Auch wenn einige statistische Angaben veraltet sind, bieten zumindest die folgenden Schulbuchkapitel eine solide Quellenbasis für einen konsequent methodenorientierten Politikunterricht: Doppelbelastung – Gewalt auf dem Bildschirm – Alkoholismus – Arbeitslosigkeit – Die Erde: ein Treibhaus – Gewalt gegen Ausländer.

In der Diskussion um die MPD wurde häufig die Befürchtung geäußert, dass die Planungsmethoden lediglich für einen traditionellen, d.h. lehrerzentrierten Unterricht geeignet seien, nicht aber für reformpädagogische Konzepte eines offenen und schülerorientierten Unterrichts, in dem die Lernenden weitgehend selbstständig arbeiten und sich die Lehrenden überwiegend auf eine beratende Rolle zurückziehen. Ich will nicht verhehlen, dass ich den traditionellen Politikunterricht – auch wenn er über weite Phasen als Frontalunterricht verläuft – für sinnvoll halte, wenn er fachlich und methodisch solide geplant wird – und selbstverständlich eignen sich alle Planungsmethoden für systematische, lehrerzentrierte Versuche der politischen Aufklärung. Aber mir liegt auch daran zu verdeutlichen – und der exemplarische Stundenentwurf im vorangegangenen Kapitel trug diesem Anspruch bereits Rechnung –, dass prinzipiell die MPD offen ist für Bemühungen, den Politikunterricht als offenen, schülerorientierten Prozess zu gestalten. Ich greife daher abschließend auf die Schlüsselprobleme „Arbeitslosigkeit" und „Doppelbelastung von Frauen" zurück, um beide allgemeindidaktischen Ansätze – zwischen denen auch fließende Übergänge bestehen – mit Hilfe von Grobplanungen exemplarisch in den Horizont des Machbaren zu rücken. Aus meiner schulpädagogischen Sicht wäre es wünschenswert, wenn im Politikunterricht beide Konzeptionen abwechselnd zur Anwendung kämen.

Eine exemplarische Grobplanung aus der Sicht eines traditionellen, lehrerzentrierten Politikunterrichts

1. Klasse: 10

2. Thema der achtstündigen Unterrichtseinheit: Arbeitslosigkeit

3. Globale Lernziele:
   - Fähigkeit und Bereitschaft zur Bearbeitung von Schlüsselproblemen der Gesellschaft (inhaltliche Qualifikation)
   - Fähigkeit und Bereitschaft zur Aneignung der Methode zur Analyse von Schlüsselproblemen der Gesellschaft (methodische Qualifikation)

4. Verlaufsplanung

Verlaufsplanung in der Übersicht			
Zeit	Methoden-bezug	Teilthema	Konkrete Lernziele
1. und 2. Stunde	1. Schritt	Formen und Umfang der Arbeitslosig-keit	Die S. sollen die Formen und den Umfang der Arbeitslosigkeit beschreiben. Die S. sollen sich in die Lebenssituation von Arbeitslosen einfühlen
3. Stunde	2. Schritt	Folgen der Arbeits-losigkeit	Die S. sollen die negativen Auswirkungen der Arbeitslosigkeit für die Betroffenen einschätzen. Die S. sollen erkennen, dass die Massenarbeitslosigkeit eine Gefährdung für den sozialen Frieden und die Stabilität der Demokratie darstellt.
4. und 5. Stunde	3. Schritt	Hinter-gründe der Arbeits-losigkeit	Die S. sollen erkennen, dass die Arbeitslosen in der Regel an ihrer Situation nicht selber schuld sind. Die S. sollen sich die wesentlichen ökonomischen Ursachen der Arbeitslosigkeit erarbeiten.

6. und 7. Stunde	4. Schritt	Politische Lösungs- ansätze	Die S. sollen sich über die finanzielle Absicherung der Arbeitslosen und ihrer Familien orientieren und diese kritisch überprüfen. Die S. sollen verschiedene Möglichkeiten der Neuverteilung der vorhandenen Arbeit erkennen und diskutieren.
8. Stunde	4. Schritt	Politische Lösungs- ansätze	Die S. sollen verschiedene Möglichkeiten der Neuverteilung der vorhandenen Arbeit diskutieren.
	5. Schritt	Rückblick und Aus- blick	Die S. sollen Stellung (anonym) nehmen, wie zufrieden oder unzufrieden sie mit dem Verlauf dieser Unterrichtseinheit sind. Die S. sollen entscheiden, ob einzelne Aspekte des Themas noch vertiefend behandelt werden sollten.

5. Anmerkungen

a) Diese Grobplanung darf nicht schematisch aufgefasst werden. Sie bietet nur eine Variante aus dem Spektrum des Möglichen. Selbstverständlich ist es in vielen Fällen möglich, die Unterrichtszeit für das Thema „Arbeitslosigkeit" um ein bis zwei Stunden zu verkürzen oder zu erweitern. Auch kann die Frage, wieviel Zeit für den einzelnen Lehr- und Lernschritt verwandt wird, unterschiedlich beantwortet werden. Zum Beispiel wäre mit der methodischen Absicht, die Folgen der Arbeitslosigkeit durch Schülerinterviews zu erschließen, zwangsläufig die Entscheidung verbunden, das Zeitbudget für den zweiten Schritt deutlich zu erweitern. Zum Beispiel wäre mit der Entscheidung, einen kritischen Rückblick auf die Unterrichtseinheit mit Hilfe eines Fragebogens zu gestalten, die Konsequenz verbunden, für den fünften Schritt mehr Zeit einzuplanen. Auch ist immer zu berücksichtigen, dass es in der konkreten unterrichtlichen Situation erforderlich sein kann, den geplanten Lehr- und Lernweg zu verlassen, um befristet anderen Lerninteressen zu folgen.

b) Der vorliegenden Grobplanung könnte das Bemühen vorangehen, die Lernenden mit der Planungsmethode vertraut zu machen und die themenbezogene Planung in Orientierung an der Planungsmethode offenzulegen.

Auch der traditionelle, lehrerzentrierte Unterricht kann mit der Option verbunden werden, die eigene Planung transparent zu machen.

c) Bei der Umsetzung der Grobplanung in Stundenentwürfe ist bei diesem wie bei jedem anderen Schlüsselproblem von folgender Prämisse auszugehen: Grundsätzlich ist es weder auf der Basis von fünf noch auf der Basis von zwölf Stunden möglich, die Folgen, Hintergründe und Lösungsansätze eines Schlüsselproblems vollständig zu thematisieren und zugleich solide zu bearbeiten.

Positiv gesagt: Diese Sachaspekte des Problems können nur in Ausschnitten bearbeitet werden. Die Formulierung der konkreten Lernziele trägt dieser Notwendigkeit z.T. explizit Rechnung, z.T. ist dieser Gesichtspunkt implizit mitgedacht.

d) Bei der Ausarbeitung der Verlaufsplanungen der acht Einzelstunden empfehle ich, die folgenden Gesichtspunkte zu beachten:

– Prüfen Sie, inwieweit die Lernenden von dem Thema „Arbeitslosigkeit" persönlich betroffen sind oder sich Betroffenheit didaktisch „arrangieren" lässt – z.B. über Zukunftsphantasien. Versuchen Sie, die Betroffenheit der Schüler und Schülerinnen bei den Schritten 1 und 2 mit zu thematisieren. Diese Akzentuierung erscheint mir wichtig, damit die Lernenden die Erfahrung machen, dass das Schlüsselproblem „Arbeitslosigkeit" als Herausforderung auch auf ihrem Lebensweg liegt.

– Suchen Sie nach Möglichkeiten, den Lehr- und Lernprozess auch erfahrungsorientiert zu gestalten, d.h., die methodischen Möglichkeiten des spielerischen oder erkundenden Lernens oder andere Formen der praktischen Gestaltung zu integrieren. Es klingt vielleicht paradox: Der lehrerzentrierte Unterricht hat es leichter als seine reformpädagogischen Gegenmodelle, die gewünschte methodische Vielfalt anzustreben, da selbstbestimmte Lerngruppen immer in der Gefahr stehen, in der erfahrenen methodischen Monokultur stecken zu bleiben.

– Variieren Sie im Verlauf der Unterrichtseinheit die Sozialformen Plenum, Einzelarbeit, Partnerarbeit, Gruppenarbeit. Auch der traditionelle Politikunterricht kann die Form der Gruppenarbeit punktuell und zielgerichtet nutzen, ohne die naive Euphorie übernehmen zu müssen, mit der die erziehungswissenschaftliche Literatur diese Sozialform in den siebziger Jahren teilweise diskutiert hat.

Eine exemplarische Grobplanung aus der Sicht eines offenen, schülerorientierten Politikunterrichts

1. Klasse: 10

2. Thema der achtstündigen Unterrichtseinheit:
   Doppelbelastung von Frauen

3. Globale Lernziele:
   - Fähigkeit und Bereitschaft zur Gruppenarbeit und damit zur selbstständigen Bearbeitung von politischen Themen (soziale Qualifikation)
   - Fähigkeit und Bereitschaft zur Bearbeitung von Schlüsselproblemen der Gesellschaft (inhaltliche Qualifikation)
   - Fähigkeit und Bereitschaft zur Aneignung der Methode zur Analyse von Schlüsselproblemen der Gesellschaft (methodische Qualifikation)

4. Konkrete Lernziele:
   - Die S. sollen das Thema „Doppelbelastung von Frauen" weitgehend selbstständig und kooperativ bearbeiten.
   - Die S. sollen die Doppelbelastung von Frauen durch Beruf und Familie beschreiben und sich in die Situation betroffener Frauen einfühlen.
   - Die S. sollen die negativen Auswirkungen der Doppelbelastung für Frauen, Kinder und Männer sowie für die Gesellschaft insgesamt einschätzen.
   - Die S. sollen erkennen, dass das traditionelle Verhalten von Frauen und Männern wesentlich eine Folge der geschlechtsspezifischen Erziehung ist, die in Deutschland im 19. Jahrhundert zur vorherrschenden Erziehungsnorm wurde und durch die Massenmedien immer wieder verstärkt wird.
   - Die S. sollen politische Möglichkeiten diskutieren, die doppelbelastete Frauen entlasten können (mehr Ganztagsschulen, ein neues Vaterbild, mehr Teilzeitarbeitsplätze für Frauen und Männer).
   - Die S. sollen politische Ansätze suchen und prüfen, die geeignet sind, die geschlechtsspezifische Erziehung von Jungen und

Mädchen zu überwinden bzw. der Verstärkung der traditionellen Rollenbilder durch die Medien entgegenzuwirken.
– Die S. sollen zum Verlauf der Unterrichtseinheit und dem zukünftigen Unterricht Stellung nehmen.

5. Verlaufsplanung

Phase der thematischen Hinführung und Gruppenbildung (1. Stunde)
– Einstieg: Überblick über die vielfältigen Formen der Diskriminierung von Frauen.

Vielfältige Formen der Diskriminierung

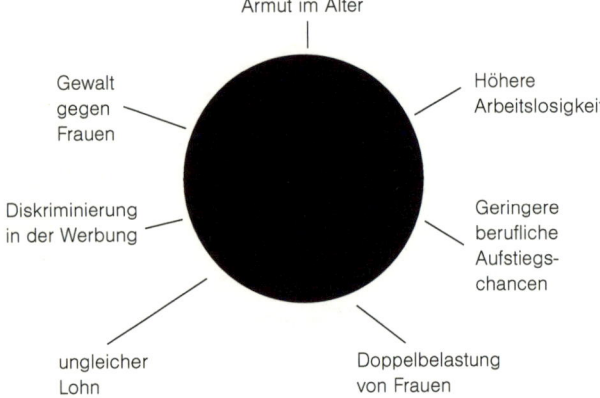

Armut im Alter

Gewalt gegen Frauen

Höhere Arbeitslosigkeit

Diskriminierung in der Werbung

Geringere berufliche Aufstiegs- chancen

ungleicher Lohn

Doppelbelastung von Frauen

– Entscheidung für ein Schlüsselproblem, z.B. „Doppelbelastung von Frauen".
– Bildung von drei arbeitsfähigen Gruppen mit dem Ziel, das ausgewählte Schlüsselproblem schrittweise zu bearbeiten.

Jede Gruppe übernimmt eine der drei folgenden Leitfragen:
• In welchen Formen und in welchem Umfang besteht das Problem „Doppelbelastung von Frauen", und wie erleben die Betroffenen diese Situation?
• Welche negativen Auswirkungen hat das Problem „Doppelbelastung von Frauen" für den Einzelnen bzw. für die Gesellschaft insgesamt?
• Welche Erklärungsangebote sind vordergründig, und auf welche gesellschaftlichen Ursachen ist das Problem „Doppelbelastung von Frauen" grundlegend zurückzuführen?

Erste Phase der Bearbeitung (2.-3. Stunde)
- Jede Gruppe bearbeitet ihre Leitfrage auf der Grundlage zur Verfügung gestellter Quellen.
- Die Politiklehrerin bzw. der Politiklehrer beschränkt sich auf die Rolle der Beratung in fachlicher und gruppendynamischer Hinsicht.
- Am Ende der zweiten Stunde sollte jede Gruppe entscheiden, wie sie ihr Arbeitsergebnis im Plenum präsentieren will (z.B. als Vortrag, Rollenspiel, Schaubild, fiktive Nachrichtensendung …).

Erste Phase der Ergebnisvermittlung (4. Stunde)
- Die Gruppen tragen ihre Arbeitsergebnisse vor, die ggf. auf Wandtapeten stichwortartig festgehalten werden.
- Kurze Besprechung der Ergebnisse im Plenum, ggf. werden die Antworten auf die Leitfragen im Plenum noch ergänzt.

Zweite Phase der Bearbeitung (5.-6. Stunde)
- Fortsetzung der Gruppenarbeit. Alle Gruppen orientieren ihre Arbeit an der Leitfrage: Welche politischen Maßnahmen und Entscheidungen halte ich für geeignet, um doppelbelasteten Frauen individuell zu helfen, und welche politischen Ideen könnten geeignet sein, um die gesellschaftlichen Hintergründe des Problems zu beeinflussen?
- Jede Gruppe erhält als Arbeitsgrundlage eine Zusammenstellung von Quellen, die in bezug auf diese Leitfrage unterschiedliche Schwerpunkte setzen, dabei aber dem Doppelcharakter der Leitfrage Rechnung tragen, und die von der Gruppe kritisch zu prüfen sind.

  Gruppe 1 beschäftigt sich mit Quellen, die mehr Ganztagsschulen fordern bzw. Alternativen zur geschlechtsspezifischen Erziehung thematisieren. Gruppe 2 erhält Quellen, die ein neues Vaterbild formulieren bzw. aus der Praxis einer gleichberechtigten Kindererziehung berichten. Die Quellen für die Gruppe 3 beziehen sich auf die Forderung, mehr Teilzeitarbeitsplätze für Männer und Frauen zu schaffen, bzw. auf politische Möglichkeiten, der Verstärkung der Rollenklischees durch die Medien entgegenzutreten.
- Jede Gruppe soll – ausgehend von den Quellen – die eigene politische Position klären, begründen und rechtzeitig entscheiden, wie sie ihr Arbeitsergebnis im Plenum präsentieren will.

Zweite Phase der Ergebnisvermittlung / Phase der Unterrichtsreflexion
(7.-8. Stunde)
- Die Gruppen tragen ihre politischen Stellungnahmen vor.
- Diskussion im Plenum über die verschiedenen politischen Lösungsansätze.
- Reflexion der methodenorientierten Unterrichtseinheit auf der Inhalts- und Beziehungsebene: Welche Aspekte des Themas sind im Verlauf der Unterrichtseinheit zu kurz gekommen? In welchen Phasen war die Gruppenarbeit erfolgreich? In welchen Situationen führte die Gruppenarbeit zu Problemen?
- Welche anderen Schlüsselprobleme finden das Interesse der Klasse? Wie ausgeprägt ist die Bereitschaft, weitere Schlüsselprobleme in Gruppen, methodenorientiert und selbstständig zu bearbeiten?

6. Anmerkungen

a) Die Verschränkung der MPD mit der Konzeption eines schülerorientierten Unterrichts begrenzt die Offenheit der Planung auf bestimmte Wahlfreiheiten der Lernenden und die Freiräume, die sich aus der dominanten Stellung der Gruppenarbeit über viele Stunden hinweg ergeben. Andererseits vermindert sich dadurch das Risiko der fachwissenschaftlichen Unverbindlichkeit, das den allgemeindidaktischen Konzeptionen des offenen Unterrichts von vornherein anhaftet.

b) Die Chancen der Gruppenarbeit prägen die Chancen dieser Grobplanung. Das gezielt arbeitsteilige Vorgehen erlaubt es, mehr Quellen und damit mehr Sachaspekte zu bearbeiten als bei einer lehrerzentrierten Vorgehensweise. Besondere Chancen ergeben sich, das selbstständige und kooperative Lernen zu fördern und damit einen Beitrag zur demokratischen Unterrichtskultur zu leisten.

c) Die Risiken der Gruppenarbeit prägen die Risiken der Konzeption. Wenn in den Gruppen Konkurrenzverhältnisse auftreten, Antipathien oder Aggressionen die Gruppenarbeit blockieren, sich eine hierarchische Gruppenstruktur ergibt, die Identität mit der Gruppenarbeit labil ist, das Arbeitstempo der Gruppen sehr voneinander abweicht, die Dauer der Gruppenarbeit Effekte der Ermüdung auslöst, die Gruppen kein Interesse an den Ergebnissen der anderen Gruppen zeigen, es einzelnen Gruppen nicht gelingt, ihre Ergebnisse verständlich vorzutragen …, kann ein relativ selbstbestimmter Lernprozess scheitern, auch wenn die Gruppenbildung mit viel Fingerspitzengefühl erfolgte, das Thema das Interesse der Klasse findet, die Quellen für die Phasen der Gruppenarbeit sorgfältig zusammengestellt wurden und bei Störungen und Problemen der Gruppenarbeit die Lehrenden beratend intervenieren. Dennoch: Es sollte von Zeit zu Zeit immer wieder versucht werden, politische Lernprozesse relativ selbstbestimmt zu strukturieren. Aber nur wer die zahlreichen Probleme der Gruppenarbeit kritisch in den Blick nimmt, hat Chancen, diese Sozialform erfolgreich zu gestalten.

d) In der Regel bietet der Fachunterricht Politik keine Möglichkeiten, die Analyse politischer Themen mit politischen Aktionen zu verbinden. Nur in Ausnahmefällen oder unter besonderen Bedingungen – z.B. in einer Projektwoche – ist es relativ einfach, politische Erkenntnisprozesse mit (in der Regel symbolischen) Aktionen zu vernetzen. Im allgemeinen wird sich der Politikunterricht damit begnügen müssen, Perspektiven für das politische Handeln zu erkennen und zu diskutieren.

5. Inhaltsbereich „Aktuelle politische Konflikte" –

Themenwahl / Sachanalyse / Unterrichtsplanung

Politisch umstrittene Forderungen oder Entscheidungen schlagen spätestens dann in einen aktuellen Konflikt um, wenn die Inhaber von politischer Macht – z.B. die Regierung eines Staates oder Bundeslandes – anfangen, ihre politische Position praktisch durchzusetzen. Die Gegner organisieren dann ihre Gegenmacht, so dass die für den Konflikt typische Polarisierung entsteht. Der aktuelle politische Konflikt ist dadurch gekennzeichnet, dass die politische Situation auf eine machtpolitische Entscheidung zuläuft, zugleich aber zwischen den streitenden Parteien der Konsens über die richtige Lösung fehlt.

Es kann zwischen lokalen, landespolitischen, nationalen und internationalen Konflikten unterschieden werden. Entsprechend lassen sich die Konfliktparteien unterscheiden, die sich miteinander im politischen Streit befinden. In der Regel spiegelt sich im aktuellen politischen Konflikt ein struktureller Konflikt. Strukturell gegebene Konflikte sind jene zwischen Regierung und Opposition, zwischen dem Staat und einzelnen Verbänden, Bürgerinitiativen oder Bürgern, zwischen Arbeitgebern und Arbeitnehmern, zwischen verschiedenen Staaten bzw. Staatenblöcken.

Die politische Bildung darf auf eine exemplarische Auseinandersetzung mit aktuellen politischen Konflikten nicht verzichten, wenn sie nicht eine wesentliche Dimension der Politik vernachlässigen will. Insbesondere eignen sich Konflikte, um die Interessengebundenheit von Politik zu verdeutlichen. Nicht zu unterschätzen ist der Zugewinn an Aktualität für die politische Bildung, wenn sie sich auch an diesem Inhaltsbereich orientiert. Konflikte zeigen Politik als lebendige Auseinandersetzung, die häufig dramatische Formen annimmt und von den Medien vielfältig dargestellt und kommentiert wird. Die aktuelle Dramatik und Lebendigkeit vieler politischer Konflikte eröffnen zahlreiche Chancen, Schüler und Schülerinnen für Politik zu interessieren.

Da die machtpolitische Entscheidung politischer Konflikte – bzw. die Auswirkungen dieser Entscheidung – in der Zukunft liegen, könnte die Bearbeitung solcher Themen z.B. Neugierde provozieren, die weitere politische Entwicklung bewusst zu verfolgen.

Rahmenrichtlinien und Schulbücher können den einzelnen aktuellen politischen Konflikt nicht antizipieren, folglich auch nicht präsentieren. Es wird damit zur Aufgabe der Lehrenden und Lernenden selbst, von Zeit zu Zeit einen aktuellen politischen Konflikt aufzugreifen und in den Fachunterricht einzubeziehen. Aber der fachliche Lehr- und Lernprozess ist nur dann ein qualifizierter, wenn er über eine solide Informationsbasis verfügt. Die Medien berichten zwar vielfältig, aber häufig auch oberflächlich, lückenhaft und für Jugendliche sprachlich unverständlich. Es ist von daher ein zeitintensiver Prozess, sinnvolle und verständliche Quellen so auszuwählen und zusammenzustellen, dass ein solider Lernprozess möglich wird – was nicht ausschließt, dass die Lernenden in besonderen Fällen relativ selbstbestimmt versuchen könnten, sich bezogen auf einen aktuellen politischen Konflikt durch das Labyrinth der medialen Berichterstattung kritisch durchzuarbeiten.

Vor diesem Hintergrund – und in Anbetracht der Überlegung, dass alle Inhaltsbereiche im Laufe eines Schuljahres zum Zuge kommen sollten – empfehle ich, allenfalls ein- bis zweimal pro Jahr einen aktuellen politischen Konflikt zu thematisieren und zwar über einen Zeitraum von fünf bis zehn Stunden. Allerdings teile ich nicht die Erwägung, den konfliktorientierten Ansatz als gelegentlich einzusetzendes Konzept der gymnasialen Oberstufe vorzubehalten. Wenn sich die Bearbeitung von Konflikten auf zentrale Leitfragen beschränkt und die Quellenbasis auf das unbedingt Notwendige reduziert wird – es ist didaktisch zulässig, ja gefordert, Quellen zu verkürzen und sprachlich zu vereinfachen –, habe ich keine prinzipiellen Bedenken, aktuelle politische Konflikte in der Sekundarstufe I oder in Berufsschulklassen zu erörtern.

Bei der Frage, wie ein aktueller politischer Konflikt zu analysieren ist, habe ich über Jahre hinweg viele Varianten erprobt – sozusagen in Orientierung an der Methode „trial and error" –, um zu einer sozialwissenschaftlich schlüssigen und möglichst knappen Vorgehensweise zu finden. Im Unterschied zu Hermann Giesecke, der die Konfliktdidaktik mit seiner Ausarbeitung von elf Leitfragen begründete, halte ich mittlerweile vier Leitfragen für hinreichend, die ich in einer systematischen Abfolge angeordnet habe.

Methode zur Analyse von aktuellen politischen Konflikten

1. Analyseschritt: Worum wird politisch gestritten, und wer ergreift welche Partei?

(Der erste Schritt ist grundlegend für alle folgenden: Es geht um die genaue inhaltliche Bestimmung des Konflikts und die Zuordnung der vorhandenen Konfliktparteien, die nur zum Teil auf den ersten Blick erkennbar sind, da in bestimmten Konflikten einzelne Parteien nur verdeckt im Hintergrund agieren.)

2. Analyseschritt: Wie ist der Konflikt entstanden, und wo ist meine Position im Streit konkurrierender Interessen?

(Eine knappe Auflistung der Vorgeschichte ist in der Regel hilfreich, um die Konfliktsituation besser nachvollziehen zu können. Bei dem Versuch, die widerstreitenden Interessenlagen der Konfliktparteien zu verstehen und einzuschätzen, ist über das hinauszugehen, was die Konfliktparteien öffentlich artikulieren. Häufig spielen auch Interessenlagen eine Rolle, die aus taktischen Gründen verschwiegen werden.)

3. Analyseschritt: Welche Möglichkeiten haben die Konfliktparteien, ihre Interessen durchzusetzen?

(Ich erinnere daran, dass diese Methode aktuelle, das heißt machtpolitisch noch nicht entschiedene Konflikte thematisiert, so dass in der Regel nicht das Konfliktende, sondern nur die Möglichkeiten der Konfliktparteien, sich politisch durchzusetzen, verdeutlicht werden können. Der Begriff „Möglichkeiten" kann breit gefächert werden: Er umfasst die politische Macht der Konfliktparteien, ihre finanziellen Mittel, ihre Bündnismöglichkeiten, ihre rechtlichen Waffen, aber auch ihre moralische Macht, die Glaubwürdigkeit und die Kraft ihrer Argumente und ihre Chancen, die Medien für sich zu gewinnen. Häufig kann es auch sinnvoll sein, zwischen den legalen und illegalen Möglichkeiten der Auseinandersetzung zu unterscheiden.)

4. Analyseschritt: Welche Kompromisse sind möglich, und wie sind diese politisch zu beurteilen?

(Hier geht es um einen möglichen Interessenausgleich, der insbesondere unter dem Gesichtspunkt zu prüfen ist, inwieweit die widerstreitenden Interessen zu gleichen Anteilen gewahrt bleiben.)

Die Analyseschritte erfassen begrifflich exakt und vollständig das Wesen aktueller politischer Konflikte. Die erreichte Klarheit über die Struktur der Sache ist die Basis, um in diesem Inhaltsbereich zu einer fachwissenschaftlich fundierten Planungsmethode zu gelangen.

Planungsmethode zur Strukturierung von Lehr- und Lernwegen zu aktuellen politischen Konflikten

1. **Schritt:** Bestimmung der Konfliktsituation und der Konfliktparteien.

   Leitfrage: Worum wird politisch gestritten, und wer ergreift welche Partei?

2. **Schritt:** Die Vorgeschichte betrachten und zu den Interessenlagen der Konfliktparteien Stellung nehmen.

   Leitfrage: Wie ist der Konflikt entstanden, und wo ist meine Position im Streit konkurrierender Interessen?

3. **Schritt:** Machtverhältnisse einschätzen.

   Leitfrage: Welche Möglichkeiten haben die Konfliktparteien, ihre Interessen durchzusetzen?

4. **Schritt:** Kompromisse suchen und beurteilen.

   Leitfrage: Welche Kompromisse sind möglich, und wie sind diese politisch zu beurteilen?

5. **Schritt:** Rückblick und Ausblick.

   Leitfrage: Welche Anlässe gibt es für einen Rückblick auf den Lernprozess, und welche Folgen ergeben sich für den weiteren Unterricht?

Diese Planungsmethode bietet einen roten Faden, um aktuelle politische Konflikte gründlich und kritisch zu bearbeiten. In der Regel sollten reale politische Konflikte zum Thema werden – manchmal kann es auch reizvoll sein, einen ausgedachten politischen Konflikt mit didaktisch gezielt konstruierten Materialien zu bearbeiten. Die Beachtung aller zentralen Sachaspekte wird durch die Systematik der Leitfragen gesichert. Als sozialwissenschaftlich unzulänglich wird damit ein Politikunterricht zurückgewiesen, der lediglich mehr oder minder zufällig gegriffene Aspekte der Sache sprunghaft diskutiert.

Wenn erstmals eine Unterrichtseinheit nach dieser Planungsmethode strukturiert wird, ist es hilfreich, die Lernenden zunächst mit der Planungsmethode vertraut zu machen. Eine für Lernende transparente Planung erhöht die Erfolgsaussichten des beabsichtigten Lernprozesses, da dieser dann für die Schüler und Schülerinnen einen einsichtigen und nachvollziehbaren Aufbau hat. Auch ist ein kritischer Rückblick auf den Lernprozess schlüssiger zu strukturieren, wenn dabei auf die Planungsmethode begrifflich Bezug genommen werden kann. Langfristig gilt auch für diesen Inhaltsbereich, dass sich die Lernenden die methodische Kompetenz der Analyse bewusst aneignen sollten.

Eine exemplarische Grobplanung

1. Klasse: 9

2. Thema der sechsstündigen Unterrichtseinheit:
   Streit um die Schließung eines Jugendzentrums

3. Globale Lernziele:
   – Fähigkeit und Bereitschaft zur Bearbeitung von aktuellen politischen Konflikten (inhaltliche Qualifikation)
   – Fähigkeit und Bereitschaft zur Aneignung der Methode zur Analyse von aktuellen politischen Konflikten (methodische Qualifikation)

4. Verlaufsplanung

Verlaufsplanung in der Übersicht			
Zeit	Methoden-bezug	Teilthema	Konkrete Lernziele
1. Stunde	1. Schritt	Konflikt-situation und Konflikt-parteien	Die S. sollen den strittigen Sachverhalt genau beschreiben. Die S. sollen in einer Übersicht verdeutlichen, wer für welche Position Partei ergreift. Die S. sollen ihre eigene Parteinahme spontan verdeutlichen.
2. und 3. Stunde	2. Schritt	Vorgeschichte des Konflikts / Interessen der Konflikt-parteien	Die S. sollen die Entstehung des Konflikts vor dem Hintergrund der chronischen Finanzkrise der Gemeinden erklären.

			Die S. sollen sich in die widerstreitenden Interessenlagen der Konfliktparteien einfühlen und begründet Stellung nehmen.
4. Stunde	3. Schritt	Machtverhältnisse	Die S. sollen die politischen Chancen des Stadtkämmerers, die Schließung des Jugendzentrums durchzusetzen, erkennen und einschätzen. Die S. sollen die politischen Chancen einer von Jugendlichen gegründeten Bürgerinitiative, die die Schließung des Jugendzentrums verhindern will, erkennen und einschätzen.
5. Stunde	4. Schritt	Kompromisse	Die S. sollen mögliche Kompromisse suchen und aus der Sicht der verschiedenen Interessenlagen kritisch prüfen.
6. Stunde	5. Schritt	Rückblick und Ausblick	Die S. sollen (anonym) Stellung nehmen, wie zufrieden oder unzufrieden sie mit dem Verlauf der Unterrichtseinheit sind. Die S. sollen diskutieren, ob sie ihre politische Position in die Gemeindeöffentlichkeit tragen wollen, z.B. mit Hilfe einer Unterschriftenliste oder eines Info-Standes.
			Die S. sollen im Plenum besprechen, welche anderen aktuellen politischen Konflikte derzeit ihr Unterrichtsinteresse finden und evtl. einige aktuelle politische Konflikte als Vortragsthema übernehmen – mit der Auflage, einen solchen Vortrag methodenorientiert zu gestalten.

5. Anmerkungen

a) Die Anmerkungen, die ich im vorangegangenen Kapitel im Rahmen der Grobplanung zum Thema „Arbeitslosigkeit" formuliert habe, gelten alle auch sinngemäss für die hier vorliegende Grobplanung. Insbesondere sollte auch nach Möglichkeiten gesucht werden, den Lehr- und Lernprozess erfahrungsorientiert zu gestalten. Beispiele:

– Die eigene spontane Parteinahme der Lernenden (1. Stunde) könnte dadurch herausgefordert werden, dass ein fiktiver Reporter die Jugendlichen in einer kommunalpolitischen Rundfunksendung in ein Life-Interview verwickelt.

– Die widerstreitenden ökonomischen und sozialen Interessen (3. Stunde) könnten durch ein Rollenspiel verdeutlicht werden. Die von den Jugendlichen gegründete Bürgerinitiative lädt den Stadtkämmerer und die im Gemeinderat vertretenen Parteien zu einer öffentlichen Podiumsdiskussion ein, in der die nicht aktiv mitspielenden Schüler und Schülerinnen die Rolle interessierter Bürger und Bürgerinnen übernehmen können. Die Auswertung des Rollenspiels könnte in der Form erfolgen, dass die Lernenden Presseberichte über diese Veranstaltung für die Lokalzeitung verfassen oder in der Form von Leserbriefen persönlich Stellung nehmen.

– Die politischen Chancen der Konfliktparteien (4. Stunde) könnten auch durch die Aufgabe bearbeitet werden, 2-Minuten-Reden aus der Sicht des Stadtkämmerers bzw. eines im Jugendzentrum tätigen Sozialarbeiters zu entwerfen. Diese sollten dann auch vor einem fiktiven, aber benannten Publikum gehalten werden.

– Die Suche nach möglichen Kompromissen (5. Stunde) könnte durch das Spielen eines Ausschnitts einer Sitzung des Jugendhilfeausschusses initiiert werden. Die Beteiligten sollten ausdrücklich die Aufgabe erhalten, sinnvolle Kompromisse zu suchen und zu diskutieren.

– Die Unterrichtseinheit könnte auch um eine gezielte Erkundung des von der Schließung bedrohten Jugendzentrums erweitert werden. Ggf. kann eine Kleingruppe diese Erkundung an einem Nachmittag durchführen.

b) Im Unterschied zu dem Inhaltsbereich „Schlüsselprobleme der Gesellschaft" bauen die Leitfragen in diesem Bereich sachlogisch durchgehend aufeinander auf, so dass es m.E. nicht möglich ist, die wesentlichen Analyseschritte arbeitsteilig in Kleingruppen zu bearbeiten. Die Art und Weise, wie die Konzeption eines offenen, schülerorientierten Unterrichts in der Grobplanung zum Thema „Doppelbelastung von Frauen" umgesetzt wurde (vgl. S. 38), ist folglich nicht übertragbar. Aber unter der Voraussetzung, dass die Lerngruppe mit der Planungsmethode vertraut ist, halte ich Versuche für erwägenswert, eine Klasse in Gruppen aufzuteilen, jeder Gruppe die Analysemethode und alle notwendigen Quellen zu überlassen und den Gruppen ca. vier Stunden zur selbstständigen Bearbeitung des Themas einzuräumen, um abschließend im Plenum die Ergebnisse auszutauschen und zu diskutieren.

c) Im Rahmen von Projekttagen eignet sich ein solcher lokalpolitischer Konflikt auch vorzüglich für die Durchführung eines methoden-orientierten Planspiels. *Einstiegsphase:* Beschreibung des Konflikts, Bestimmung der Konfliktparteien, Erklärung der Vorgeschichte (1. bis 2. Schritt) – *Orientierungsphase:* Die Klasse wird in Konfliktparteien eingeteilt, jede Gruppe orientiert sich mit Hilfe von Quellen über ihre Interessenlage und ihre politischen Chancen der Durchsetzung (2. bis 3. Schritt) – *Spielphase:* Die Konfliktparteien führen eine politische Auseinandersetzung, in der jede Partei versucht, ihre Interessen möglichst weitgehend durchzusetzen. Die Konfliktparteien kommunizieren schriftlich über die Spielleitung miteinander, die in den Händen der Lehrkraft liegen sollte, falls die Klasse mit der Methode Planspiel noch nicht hinreichend vertraut ist (3. bis 4. Schritt) – *Reflexionsphase:* Erfahrungsaustausch (5. Schritt).

6. Inhaltsbereich „Politisch bedeutsame Institutionen und Organisationen" –

Themenwahl / Sachanalyse / Unterrichtsplanung

Politisch bedeutsam sind Institutionen und Organisationen, die auf die Entwicklung von Gesellschaft und Staat Einfluss nehmen und damit auch das Leben des Einzelnen prägen. Ihnen kommt eine erhebliche objektive und subjektive Bedeutung zu. Institutionen und Organisationen können in einem Inhaltsbereich zusammengefasst werden, da sie die gleichen Merkmale aufweisen: einen bestimmten organisatorischen Aufbau, die bewusste Orientierung an ausgewiesenen Zielen oder Aufgaben, die Sicht der Beteiligten, die Vielfalt der gesellschaftlichen Einflussnahme auf die je konkrete Institution/Organisation … Zu den politisch bedeutsamen Institutionen und Organisationen zählen z.B.: Gewerkschaften, Unicef, das Jugendamt, Greenpeace, das Umweltministerium, die Verbraucherzentralen, das Amt der Frauenbeauftragten, der Bundestag, die Bundeswehr, der Sicherheitsrat der UN, amnesty international …

Die politische Willensbildung vollzieht sich weitgehend im Rahmen von Institutionen und Organisationen, folglich kann die politische Bildung nicht darauf verzichten, diesen Inhaltsbereich exemplarisch zu erschließen. Wenn zumindest die Chance der Einflussnahme auf die politische Willensbildung für alle gegeben sein soll, muss auch diese Seite der Politik zum Gegenstand der politischen Aufklärung werden. Darüber hinaus kann mit einem entsprechenden Unterricht die Erfahrung verbunden sein, dass die Strukturen der politischen Verhältnisse kritisierbar und veränderbar sind. Folglich dürfte auch deutlich sein, dass hier nicht die Rückkehr zur affirmativen und formalen Institutionenkunde der fünfziger Jahre gemeint ist, sondern die kritische, sozialwissenschaftlich geprägte Auseinandersetzung.

Ich bin mir bewusst, dass der Politikunterricht häufig politisch bedeutsame Institutionen und Organisationen einbezieht – insbesondere die Parteien –, wenn er z.B. Schlüsselprobleme der Gesellschaft oder aktuelle politische Konflikte thematisiert. Aber dieser Sachverhalt bietet keine hinreichende Argumentation, um die direkte und systematische Analyse politisch bedeutsamer Institutionen und Organisationen kategorisch auszuschließen.

Ein- bis zweimal pro Jahr halte ich es für möglich, ein Thema dieses Bereiches zum Gegenstand einer Unterrichtseinheit zu machen, ohne dass die anderen Inhaltsbereiche vernachlässigt werden. Die Unterrichtseinheit sollte in der Regel mindestens fünf und höchstens zehn Stunden umfassen. Um den Lehrprozess inhaltlich und zeitlich nicht zu überfrachten, sollte nicht die allgemeine Thematik – z.B. „Die UN" oder „Die Institutionen der Kommune" –, sondern das konkrete und damit begrenzte Thema – z.B. „Der Sicherheitsrat der UN" oder „Das Jugendamt" – gewählt werden. Bei der Auswahl der konkreten Themen ist darauf zu achten, dass Institutionen bzw. Organisationen von internationaler Bedeutung nicht über mehrere Schuljahre hinweg ausgegrenzt werden.

Methode zur Analyse politisch bedeutsamer Institutionen und Organisationen

1. Analyseschritt: Wie ist die Institution / Organisation aufgebaut, und an welchen Aufgaben bzw. Zielen orientiert sich ihre Arbeit?

(Bei der ersten und grundlegenden Frage ist ggf. auch die gesetzliche und finanzielle Grundlage zu berücksichtigen. Im zweiten Teil ist es ggf. sinnvoll, zwischen den aktuellen Schwerpunkten und den langfristigen Aufgaben bzw. Zielen zu unterscheiden – unter Umständen kann auch der historische Wandel der Aufgaben- und Zielorientierung einbezogen werden.)

2. Analyseschritt: Wie wird die praktische Arbeit von den Beteiligten gesehen, und wie wird versucht, auf die Institution/Organisation Einfluss zu nehmen?

(Die Beteiligten sind die Mitarbeiterinnen und Mitarbeiter sowie die politischen Führungskräfte. Ihre Sichtweise kann sich sowohl auf die Arbeit in der Institution / Organisation beziehen als auch auf die Aktivitäten in der Öffentlichkeit. Die Frage nach der Einflussnahme zielt auf öffentlich bekannte und verdeckte Versuche der Einflussnahme, auf legale sowie auf illegale Bemühungen.)

3. Analyseschritt: Inwiefern wird die Institution/Organisation kritisiert, und welche politischen Forderungen ergeben sich für mich aus der Bearbeitung der Kritik?

(Keine Institution oder Organisation ist unumstritten. Folglich ist Kritik unter vielen Gesichtspunkten aufzeigbar. Es kann z.B. kritisch gefragt werden nach Differenzen zwischen Anspruch und Wirklichkeit, Effizienzproblemen, finanziellen und personellen Engpässen, Mängeln an Transparenz, Mitbestimmung und Kontrolle. Soll solche Kritik nicht in Politikverdrossenheit umschlagen, bedarf sie der Umsetzung in konkrete und begründete politische Forderungen, die vor dem Hintergrund der politischen Machtverhältnisse zumindest die Chance der politischen Durchsetzbarkeit haben sollten.)

Diese drei Analyseschritte sind für eine Sachanalyse hinreichend und zugleich eine Grundlage, um für diesen Inhaltsbereich eine Planungsmethode auszuweisen, die den Lehr- und Lernweg schlüssig strukturiert und zugleich hinreichend offen bleibt für eine variable und phantasievolle Unterrichtsgestaltung.

Planungsmethode zur Strukturierung von Lehr- und Lernwegen zu politisch bedeutsamen Institutionen und Organisationen

1. **Schritt:** Den Aufbau beschreiben und die Arbeit der Institution/ Organisation erklären.

   Leitfrage: Wie ist die Institution/Organisation aufgebaut, und an welchen Aufgaben bzw. Zielen orientiert sich ihre Arbeit?

Didaktische Hinweise:

– Auszüge aus Informationsbroschüren nutzen
– Schaubilder oder Wandzeitungen zur Visualisierung einsetzen
– Ziele und Aufgaben mit Beispielen veranschaulichen
– evtl. die Institution / Organisation erkunden
– nach Bezügen zu den Lebensverhältnissen der Lernenden suchen
– Blitzlicht zur politischen Bedeutung der Aufgaben und Ziele
– …

2. Schritt: Sich einfühlen und die Möglichkeiten politischer Einfluss-nahme klären.

Leitfrage: Wie wird die praktische Arbeit von den Beteiligten gesehen, und wie wird versucht, auf die Institution/Organisation Einfluss zu nehmen?

Didaktische Hinweise:

– wenn möglich: Beteiligte vor Ort interviewen oder in den Unterricht einladen
– ggf. schriftliche Anfragen an Mitarbeiter/Mitarbeiterinnen/politische Führungskräfte richten
– schriftlich vorhandene Interviews mit Beteiligten oder Berichte über den Arbeitsalltag auswerten
– Situationen aus dem Arbeitsalltag im Rollenspiel nachempfinden
– Einflussnahme an Fallbeispielen verdeutlichen
– kritische Zitate aus der Fachliteratur heranziehen
– legale und illegale Formen der Beeinflussung unterscheiden
– Telefonate zwischen Vertretern einer Institution/Organisation und einer Einfluss nehmenden Interessengruppe nachspielen
– …

3. Schritt: Kritik und politische Forderungen erarbeiten und ein-schätzen.

Leitfrage: Inwiefern wird die Institution/Organisation kritisiert, und welche Forderungen ergeben sich für mich aus der Bearbeitung der Kritik?

Didaktische Hinweise:

– die Lernenden zu spontanen Statements auffordern
– Karikaturen als Aufhänger wählen
– Kritik im Rückblick auf die Schritte 1 und 2 erarbeiten
– Pressekommentare oder Leserbriefe auswerten
– Ausschnitte aus Gutachten einbeziehen
– die Lernenden Pressekommentare oder Leserbriefe verfassen lassen
– Kritik und Forderungen zu einer Collage verarbeiten
– Plakate mit politischen Forderungen entwerfen
– ein rollenbezogenes Streitgespräch mit Vertretern der Institution/Organisation und politisch Verantwortlichen simulieren
– prüfen, welche gesellschaftlichen Gruppen vermutlich eine ge-

wünschte Veränderung unterstützen bzw. politisch bekämpfen würden

– ...

4. Schritt: Rückblick und Ausblick.
Leitfrage: Welche Anlässe gibt es für einen Rückblick auf den Lernprozess, und welche Folgen ergeben sich für den weiteren Unterricht?

Didaktische Hinweise:

– den durchlaufenen Lernprozess noch einmal bewusst in der Abfolge der Leitfragen reflektieren und sich fragen, inwieweit sich die eigenen Auffassungen und Gefühle verändert haben
– prüfen, inwieweit die Methodenorientierung als hilfreich oder einschränkend empfunden wurde
– das Unterrichtsklima zum Thema machen
– weitere Lerninteressen klären, ggf. Lesehinweise geben
– die Bereitschaft klären, zu einer politisch bedeutsamen Institution oder Organisation methodenorientiert eine Hausarbeit zu schreiben oder ein Referat vorzubereiten

7. Realistische Ziele im methodenorientierten Politikunterricht

Der staatliche Politikunterricht findet in einer demokratisch verfassten Gesellschaft und für diese statt. Indoktrination und/oder parteipolitische Instrumentalisierung des Politikunterrichts sind unzulässig.

Soweit Politikdidaktiker den Lehrkräften unter Beachtung dieser Voraussetzungen allgemeine Ziele für den Politikunterricht vorschlagen, sollte insbesondere beachtet werden, dass diese im Unterrichtsalltag prinzipiell realisierbar sind, so dass entsprechende Erfolgserlebnisse möglich werden. Andernfalls besteht die große Gefahr, dass internalisierte Zielvorstellungen in erster Linie eine fortgesetzte Überforderung und Entmutigung der Lehrenden und Lernenden bewirken.

Ferner sollte nicht überlesen werden, dass hier nur vom politischen Fachunterricht die Rede ist, nicht von der Frage, inwieweit sich die Schule oder die Gesellschaft insgesamt der Aufgabe der politischen Bildung und Erziehung zu stellen hat. Das heißt, es geht ausschließlich um das Schulfach Politik/Sozialkunde/Gemeinschaftskunde, das an vielen Schulen nur ein Schattendasein als ein einstündiges Nebenfach führt und – wie jedes Schulfach – eingebunden ist in den Ablauf der verwalteten Schule. Insofern lässt sich die Zielfrage dahingehend präzisieren, welche allgemeinen Ziele der politischen Bildung als hinreichend realistisch und zugleich spezifisch für die methodenorientierte politische Bildung im Unterrichtsfach Politik ausgewiesen werden können.

Vor dem Hintergrund vielfältiger Erfahrungen, Unterrichtseinheiten im Fach Politik methodenorientiert zu planen, zu gestalten und zu reflektieren, fasse ich die Lernchancen resp. Lernhorizonte eines methodenorientierten Politikunterrichts in dem folgenden Zielkatalog zusammen.

Allgemeine, realistische und fachspezifische Ziele

1. Das Interesse an Politik fördern
2. Das analyserelevante Wissen erweitern und die Bereitschaft zur Empathie vertiefen
3. Die Fähigkeit zur kritischen Analyse politischer Themen ausdifferenzieren
4. Eigene politische Überzeugungen weiterentwickeln und zunehmend aktiv vertreten
5. Die Bereitschaft zur Toleranz stärken
6. Die Fähigkeit zur Unterrichtsreflexion und zur Mitbestimmung ausbauen
7. Die Aneignung und selbstständige Anwendung der Analysemethoden anbahnen

Die hier vorgeschlagenen Ziele beachten, dass die Schülerinnen und Schüler in Fragen der politischen Bildung keine unbeschriebenen Blätter sind, sondern in jedem Alter in einem bestimmten Umfang über politische Interessen, Informationen, Meinungen, Überzeugungen usw. verfügen. Es geht also im Politikunterricht immer nur um ein Mehr und Besser dessen, was ohnehin bereits der Fall ist. Dieser notwendigen Ankoppelung an das Alltagsbewusstsein trage ich dadurch Rechnung, dass die Ziele relativ formuliert wurden. Es geht darum, das politische Interesse zu fördern, das Wissen zu erweitern usw.

Die Fragen, wie sich diese sieben Ziele prinzipiell begründen lassen und mit welcher Berechtigung diese Ziele im Einzelnen als realistischer Horizont eines methodenorientierten Politikunterrichts ausgewiesen werden können, sollen im Folgenden differenziert beantwortet werden.

1. Ziel:
Das Interesse an Politik fördern

Mit der politischen Entscheidung für den staatlichen Politikunterricht ist zwangsläufig die Absicht verbunden, das Interesse an Politik zu fördern; denn es wäre widersinnig, Politikunterricht in der Absicht zu konstituieren, das politische Desinteresse zu vertiefen. Aus der

Sicht der MPD eröffnet die thematische Vielfalt, die sich aus der Beachtung der vier Inhaltsbereiche ergibt, ebenso Chancen, über einen interessanten Politikunterricht das Interesse an politischen Themen und Fragestellungen zu stärken wie die methodische Forderung der Erfahrungsorientierung, die besagt, die Möglichkeiten des spielerischen oder erkundenden Lernens oder andere Formen der Handlungsorientierung regelmäßig in die Ausgestaltung aller Lehr- und Lernwege zu integrieren.

2. Ziel:
Das analyserelevante Wissen erweitern und
die Bereitschaft zur Empathie vertiefen

Die Ziele zwei, drei und vier bilden einen unauflösbaren Sinnzusammenhang. Der Ausbau des analyserelevanten Wissens ist die Basis für jede solide Analyse und das Reifen politischer Überzeugungen. Für vier Inhaltsbereiche wurden insgesamt vierzehn Analyseschritte ausgewiesen. Die zugeordneten Leitfragen präzisieren, welches Wissen in welchem Schritt erforderlich ist. Aber soweit es um die subjektive Seite der Politik, die sich im politischen Denken, politischen Handeln oder dem Erleben politischer Vorgänge oder gesellschaftlicher Verhältnisse zeigt, geht, ist die Zielsetzung Wissen nicht hinreichend. Erforderlich ist darüber hinaus die Fähigkeit, sich in andere einfühlen zu können. Insofern sollte die politische Bildung ebenso bewusst das Ziel Empathie verfolgen. Zum Teil verweisen die Leitfragen explizit auf diese Zielsetzung, zum Teil implizit. Wenn es z.B. in der ersten Leitfrage zur Bearbeitung von Schlüsselproblemen am Ende heißt, *und wie erleben Betroffene diese Situation?*, ist Einfühlungsvermögen ausdrücklich gefordert. Wenn die zweite Leitfrage zu diesem Inhaltsbereich mit der Formulierung, *welche negativen Auswirkungen hat das Problem für den Einzelnen?*, beginnt, kann dieser Schritt sowohl sachorientiert beschreibend als auch empathisch auf konkrete Lebensschicksale hin angelegt werden. Wenn es in der Auseinandersetzung mit aktuellen politischen Konflikten darum geht, die vorhandenen Konfliktparteien, ihre konkurrierenden Interessen und die machtpolitische Auseinandersetzung zwischen den Konfliktparteien transparent zu machen, so gelingen diese Analyseschritte besser, wenn Raum gegeben wird, sich in jene Menschen einzufühlen, die im jeweiligen Konflikt agieren.

3. Ziel:
Die Fähigkeit zur kritischen Analyse politischer Themen ausdifferenzieren

Alle Planungsmethoden beruhen auf mehreren Analyseschritten, damit rückt die MPD die kritische Analyse politischer Themen systematisch in den Mittelpunkt politischer Lehr- und Lernprozesse. Der kritische Anspruch an jede Analyse wird zum Teil durch die Formulierung einzelner Leitfragen, zum Teil durch ihre Erläuterung festgeschrieben. Wenn es z.B. bezogen auf den Inhaltsbereich „Schlüsselprobleme der Gesellschaft" im dritten Analyseschritt heißt: *Welche Erklärungsangebote sind vordergründig, und auf welche gesellschaftlichen Ursachen ist das Problem grundlegend zurückzuführen?*, so wird insbesondere durch den erläuternden Text sichergestellt, über individuelle Erklärungen, die nur die Situation von Opfern und Tätern reflektieren, kritisch hinauszugehen und die Mitverantwortung der gesellschaftlichen Verhältnisse auszuleuchten. Wenn es im zweiten Schritt der Analyse aktueller politischer Konflikte um die Interessen der Konfliktparteien geht, wird medienkritisch gefordert: *Bei dem Versuch, die widerstreitenden Interessenlagen der Konfliktparteien zu verstehen und einzuschätzen, ist über das hinauszugehen, was die Konfliktparteien öffentlich artikulieren. Häufig spielen auch Interessenlagen eine Rolle, die aus taktischen Gründen verschwiegen werden.* Wenn im dritten Schritt zur Bearbeitung politisch bedeutsamer Institutionen und Organisationen die Leitfrage mit der Formulierung, *inwiefern wird die Institution/Organisation kritisiert?*, beginnt, wird der Anspruch der Kritik explizit zur Anforderung.

4. Ziel:
Eigene politische Überzeugungen weiterentwickeln und zunehmend aktiv vertreten

Das Recht des Einzelnen, seine eigenen politischen Überzeugungen zu suchen, zu konkretisieren, zu begründen, zu überprüfen, zu verändern und aktiv im Unterricht und in der Öffentlichkeit zu vertreten, wird durch die Grundrechte unserer Verfassung geschützt und ist zugleich die zentrale Aufgabe des staatlichen Politikunterrichts. Alle Methoden sind offen für die freie Entfaltung der politischen Überzeugungen der Lernenden. Zumindest eine Leitfrage einer jeden Planungsmethode will die Lernenden ausdrücklich herausfordern, ihre eigene politische Überzeugung weiterzuentwickeln und zu vertreten. In dem Inhaltsbereich „Politisch empörende Ereignisse" ist dies die Frage: *Wie reagiert die Umwelt auf dieses Ereignis, und was halte ich für politisch notwendig und durchsetzbar?* In dem Inhaltsbereich „Schlüsselprobleme der Gesellschaft" lautet die entsprechende Frage: *Welche politischen Maßnahmen und Entscheidungen halte ich für geeignet, um individuell zu helfen, und welche politischen Ideen könnten geeignet sein, um die gesellschaftlichen Hintergründe des Problems zu beeinflussen?* In dem Inhaltsbereich „Aktuelle politische Konflikte" führen zwei Leitfragen zu entsprechenden Anforderungen: *Wie ist der Konflikt entstanden, und wo ist meine Position im Streit konkurrierender Interessen? – Welche Kompromisse sind möglich, und wie sind diese politisch zu beurteilen?* In dem Inhaltsbereich „Politisch bedeutsame Institutionen und Organisationen" ist die letzte Frage einschlägig: *Inwiefern wird die Institution/ Organisation kritisiert, und welche politischen Forderungen ergeben sich für mich aus der Bearbeitung der Kritik?*

5. Ziel:
Die Bereitschaft zur Toleranz stärken

Eine demokratische Kultur lebt vom Pluralismus politischer Überzeugungen. Der Kommunikationsraum Politikunterricht lebt ebenso wesentlich von der Vielfalt konkurrierender politischer Überzeugungen. Eine authentische und engagierte Auseinandersetzung, in die sich prinzipiell alle einbringen können, ist aber nur möglich, wenn im Klassenraum ein Klima der Toleranz herrscht. Insofern müssen die Lernenden – und ggf. auch die Lehrkräfte – die Bereitschaft erlernen, unterschiedliche und gegensätzliche Positionen auszuhalten und jene zu akzeptieren, die ausdrücklich anderer Meinung sind. Im methodenorientierten Politikunterricht gilt es das Erziehungsziel Toleranz durchgehend zu beachten, das heißt vorzuleben, zu fordern und positiv zu bekräftigen. Wenn es im Politikunterricht gelingt, die Haltung der Toleranz gegenüber politisch Andersdenkenden zu bestärken, wird zugleich eine Fähigkeit aufgebaut, die auch außerhalb der Schule für den Bestand einer demokratischen Kultur vonnöten ist.

6. Ziel:
Die Fähigkeit zur Unterrichtsreflexion und zur Mitbestimmung ausbauen

Der letzte Schritt aller Planungsmethoden schafft eine Plattform für einen gemeinsamen Rückblick auf den vorangegangenen Politikunterricht und einen Ausblick auf den folgenden – und damit auch für die sechste Zielsetzung. Die Reflexion über den zurückliegenden Unterricht ist eine Chance zur Unterrichtskritik, der Ausblick ein Angebot zur direkten Mitbestimmung des zukünftigen Politikunterrichts. Die jeweils angewandte Planungsmethode kann als Raster für den Rückblick genutzt und in der Phase des Ausblicks zur gemeinsamen Planungsbasis werden. Der Anspruch, den eigenen Unterricht auch zum Gegenstand der gemeinsamen Reflexion zu machen, und die Option der Mitbestimmung charakterisieren viele politikdidaktische Konzeptionen; aber die Verwirklichung dieser Ansprüche auf der Basis der von mir entworfenen Planungsmethoden führt zu einem rationellen und effizienten Vorgehen, das eine optimistische Einschätzung der Erfolgsaussichten erlaubt. In der Phase des Rückblicks können die Planungsschritte nacheinander aufgerufen werden, so dass die Bezugspunkte möglicher Kritik jederzeit transparent sind und solche Gespräche zielorientiert geführt werden können. Wenn in der Phase der gemeinsamen Planung das nächste Thema entschieden ist, können die Schritte der zuständigen Planungsmethode nacheinander angesprochen werden, um die Ideen und Anregungen der Lernenden zu sammeln, zu diskutieren, zu entscheiden. Gelingt es, im methodenorientierten Politikunterricht die Haltung der Kritik und die Praxis der Mitbestimmung zu kultivieren, werden Haltungen erworben, die für eine demokratische Grundhaltung wesentlich und für die Glaubwürdigkeit einer demokratischen Gesellschaft bedeutsam sind.

7. Ziel:
Die Aneignung und selbstständige Anwendung
der Analysemethoden anbahnen

Das methodische Fundament des methodenorientierten Politikunterrichts kann jederzeit transparent gemacht werden: zu Beginn eines Schuljahres oder vor einer Unterrichtseinheit oder – wie bereits ausgeführt – im Rahmen eines kritischen Rückblicks oder einer gemeinsamen Planungsphase. Je häufiger die Analysemethoden eingesetzt oder reflektiert werden, desto leichter findet eine Klasse zur bewussten Aneignung dieser vier Analysemethoden. Je vertrauter und selbstverständlicher die Leitfragen, ihr Aufbau und die sie tragenden Kategorien für die Schülerinnen und Schüler werden, desto mehr Erfolge werden sich bei Aufgaben einstellen, die dazu auffordern, ein politisches Thema selbstständig und zugleich methodenorientiert zu bearbeiten – ganz gleich, ob es sich um eine Einzelarbeit mit dem Ziel eines Vortrags handelt oder z.b. um eine Gruppenarbeit mit dem Ziel einer Präsentation. Ich bin davon überzeugt: Wird Politikunterricht konsequent und langfristig methodenorientiert strukturiert, werden die Unterrichtsphasen zunehmen, in denen die Lernenden autonom und methodenorientiert arbeiten, das heißt, die Lehrkraft kann sich auf eine beratende und moderierende Funktion beschränken.

Politische Überzeugungen und politisches Handeln liegen nah beieinander. Und selbstverständlich gehört zur Auseinandersetzung mit politischen Überzeugungen, Möglichkeiten für das politische Handeln zu erkennen und zu reflektieren. Wenn z.b. die dritte Leitfrage zur Analyse politisch empörender Ereignisse mit der Formulierung, *was halte ich für politisch notwendig und durchsetzbar?*, endet, oder es im dritten Analyseschritt zur Bearbeitung aktueller politischer Konflikte heißt: *Welche Möglichkeiten haben die Konfliktparteien, ihre Interessen durchzusetzen?*, wird hoffentlich hinreichend deutlich, dass die Einbeziehung verschiedener Perspektiven politischen Handelns im Rahmen der Analyse politischer Themen gewollt ist. In diesem Sinne führt der methodenorientierte Politikunterricht an die politische Praxis heran, ohne dass diese zum integralen Bestandteil des Politikunterrichts wird. Ich verzichte deshalb darauf, die politische Handlungskompetenz der Schülerinnen und Schüler als Ziel des Politikunterrichts auszuweisen; denn in der Regel bietet der Politikunterricht keine Möglichkeiten, die Analyse politischer Themen mit politischen Aktionen zu verbinden. Nur in Ausnahmefällen ist es möglich, politische Erkenntnisprozesse mit in der Regel symbolischen politischen Aktionen zu verbinden. Im Normalfall folgt auf die Politikstunde die nächste Mathe- oder Englischstunde und nicht die Demo vor dem Rathaus oder anderswo. Insofern gebietet der politische und pädagogische Realismus auf eine Zielsetzung zu verzichten, die abstrakt wahrscheinlich vielen Lehrkräften gefiele, aber im Rahmen einer nüchternen Betrachtung der Rahmenbedingungen des schulischen Politikunterrichts nicht als realisierbar bezeichnet werden kann.

8. Schulpädagogische Ratschläge für eine erfolgreiche Politikstunde

Unabhängig von der jeweiligen politikdidaktischen Position entscheiden zahlreiche weitere Faktoren über den Erfolg oder Misserfolg einer Politikstunde. Als Hochschullehrer bin ich seit 30 Jahren mitplanend, beobachtend und reflektierend an studentischen Unterrichtsvorhaben beteiligt. Nach meinen Wahrnehmungen ergeben sich auf der Ebene der Planung bzw. des konkreten Verhaltens im Unterricht immer wieder die gleichen Schwachpunkte. Ich will daher hier versuchen, typische Unzulänglichkeiten konstruktiv in der Form von Ratschlägen anzusprechen.

Ich bin mir bewusst, dass es für Studierende und Referendare schwierig ist, alle Ratschläge gleichzeitig zu beachten. Aber auch routinierten Politiklehrern und Politiklehrerinnen wird es nicht gelingen, die Ratschläge 4 und 5 in jeder Stunde umzusetzen. Gleichwohl bin ich davon überzeugt, dass die Chancen auf erfolgreiche Lehr- und Lernprozesse zunehmen, wenn diese schulpädagogischen Gesichtspunkte Beachtung finden.

Schulpädagogische Ratschläge

1.
Betrachten Sie die einzelne Stunde als eine Sinneinheit, in der alle Abschnitte schlüssig auf ein Thema bezogen sind. Entwerfen Sie keinen Flickenteppich.

2.
Beschränken Sie die Quellenbasis auf das unbedingt Erforderliche, aber versuchen Sie, die Auseinandersetzung mit Quellen so intensiv wie möglich zu führen. Bildung braucht Tiefe.

3.

Reflektieren Sie die Bedeutsamkeit des Themas für das Leben der Lernenden und suchen Sie nach Möglichkeiten, die subjektive Bedeutsamkeit des Themas anzusprechen.

4.

Suchen Sie nach einem kreativen Einstieg, der Spaß macht oder Betroffenheit auslöst oder Neugierde provoziert. Ein Rückblick auf die vorangegangene Stunde ist kein kreativer Einstieg.

5.

Schaffen Sie Raum für unterschiedliche Aktivitäten der Lernenden, die die Schüler und Schülerinnen nicht nur kognitiv und verbal, sondern auch praktisch oder spielerisch herausfordern.

6.

Wechseln Sie mindestens zweimal innerhalb einer Stunde zwischen den Sozialformen Plenum, Gruppenarbeit, Partnerarbeit und Einzelarbeit.

7.

Konkretisieren, veranschaulichen Sie alle abstrakten Sachverhalte, Begriffe, Thesen, Forderungen, Modelle usw.

8.

Formulieren Sie Arbeitsanweisungen bzw. Gesprächsimpulse eindeutig, verständlich und so kurz wie möglich.

9.

Achten Sie darauf, dass die Beiträge der Schülerinnen nicht durch Schüler blockiert oder herabgesetzt werden.

10.

Geben Sie positive Rückmeldungen, wenn die Lernenden erfolgreich arbeiten, aber nur, wenn sie es ehrlich meinen.

11.

Unterbrechen Sie den fachlichen Lernprozess, wenn Störungen zunehmen.

12.
Sprechen Sie nur so viel wie notwendig, nicht so viel wie möglich.

13.
Lassen Sie sich in Gesprächen auf das ein, was die Schüler und Schülerinnen wirklich sagen, und biegen Sie Äußerungen nicht um im Sinne dessen, was Sie hören wollen.

14.
Versuchen Sie auch die schweigsamen Schüler und Schülerinnen wahrzunehmen und zu aktivieren.

9. Thesen zum Selbstverständnis der methodenorientierten Politikdidaktik

1. These:
Das Methodenrepertoire der MPD ist fachwissenschaftlich fundiert

In jedem Inhaltsbereich habe ich zunächst nach zentralen Kategorien bzw. Schlüsselfragen gesucht, um exemplarisch gewählte Themen sinnvoll analysieren zu können. Soweit die eigenen Analyseerfahrungen zeigten, dass die gewählten Kategorien bzw. Schlüsselfragen nicht hinreichend oder nicht eindeutig oder nicht trennscharf waren, wurden die Analyseschritte inhaltlich bzw. sprachlich überarbeitet. Diese experimentelle Vorgehensweise wurde bei der Entwicklung aller Methoden über viele Jahre durchgehalten. Immer wieder habe ich – z.T. in Kooperation mit Studierenden und Lehrenden – Themen analysiert, um die fachwissenschaftliche Tauglichkeit der jeweiligen Methode zu überprüfen und um dann im Falle begründeter Einwände notwendige Korrekturen vorzunehmen. Insofern gehe ich davon aus, dass die hier vorliegenden Analysemethoden fachwissenschaftlich ausgereift sind, alle wesentlichen Sachaspekte des jeweiligen Inhaltsbereiches in einer sinnvollen Abfolge thematisieren, anders gesagt: Das Methodenrepertoire basiert auf einem fachwissenschaftlich soliden Fundament, es bringt die Struktur der Sache auf den Begriff.

2. These:
Der methodenorientierte Politikunterricht ermöglicht systematische Lehr- und Lernprozesse

Zum Teil setzen Lehrende auf die Spontaneität der Beteiligten bzw. auf ihre Intuition. Insofern wird es immer Lehrende geben, die die Orientierung an Planungsmethoden als Reglementierung empfinden und solch eine Konzeption zurückweisen werden. Positiv kann jedoch die MPD als ein Entwurf gesehen werden, der den Anspruch auf einen sorgfältig geplanten Politikunterricht konsequent realisiert: Die Ausdifferenzierung von Schritten des Lehrens und Lernens – früher Artikulationsschemata genannt – ermöglicht einen systematischen Politikunterricht, der die Beachtung aller grundlegenden Aspekte des jeweiligen Themas fordert, auf einer sachlogisch plausiblen Abfolge beruht und dessen roter Faden jederzeit begrifflich offengelegt und damit rational diskutiert werden kann – im Seminar, unter Kollegen und Kolleginnen, mit den Lernenden.

3. These:
Die Analysemethoden erfassen den Prozesscharakter
von Gesellschaft und Politik

Alle Themen des politischen Unterrichts haben ihre Geschichte. Folglich erfordert ein tieferes Verständnis in der Regel knappe Rückblicke in die Vergangenheit. Einige Leitfragen greifen diesen Anspruch implizit auf, andere explizit: So ist es z.B. sinnvoll, die Vorgeschichte eines politisch empörenden Ereignisses zu klären oder die Entstehung eines aktuellen politischen Konflikts kurz zu thematisieren. Aber auch die gegenwärtigen Verhältnisse von Gesellschaft und Politik, die der methodenorientierte Politikunterricht in den Mittelpunkt rückt, dürfen nicht als Zustand verkannt werden, sondern sind in ihrem Prozesscharakter zu begreifen. Deshalb müssen alle Themen auch vor dem Horizont der Zukunft gesehen werden, daher wurde sowohl der normative Fragehorizont – was soll sein? – als auch der pragmatische Fragehorizont – was ist durchsetzbar? – in bestimmte Leitfragen eingearbeitet.

4. These:
Methodenorientierter Politikunterricht kann bei Schülern
und Schülerinnen zur fachwissenschaftlichen
Methodenkompetenz führen

Im methodenorientierten Politikunterricht führt jede Unterrichtseinheit nicht nur zu einer themenspezifischen Kompetenz, sondern zugleich zu einer exemplarischen Einführung in den jeweiligen Inhaltsbereich. Um es konkret zu sagen: Wenn das Thema Arbeitslosigkeit bearbeitet wird, werden einerseits themenspezifische Erkenntnisse möglich, andererseits kann zugleich ein Grundverständnis von Schlüsselproblemen aufgebaut werden. Die inhaltsbezogenen Leitfragen der Planungsmethoden ermöglichen diesen Doppelcharakter des politischen Lernens. Im Idealfall – unter der Voraussetzung, dass ein methodenorientierter Politikunterricht andauernd und erfolgreich gestaltet wird – kann folglich die exemplarische Behandlung politischer Themen dazu führen, dass sich die Lernenden die Analysemethoden bewusst aneignen. Damit eröffnen sich neue Chancen für selbstständige Lernprozesse.

5. These:
Die MPD fordert und fördert eine kritische politische Bildung

Ich deutete bereits an, dass sich die MPD in der Tradition der Aufklärung sieht. Der Politikunterricht darf nicht haltmachen vor Vorurteilen, Tendenzen einer beschönigenden oder verdrängenden Berichterstattung, vor Ideologien, die gesellschaftliche Verhältnisse personalisieren, nicht verstummen im Angesicht der Macht und Interessen von Verbänden und Parteien. Diese Grundhaltung einer kritischen Aufklärung führt u.a. dazu, dass politisch empörende Ereignisse und nicht Erfolgsmeldungen der Tagspolitik als Inhaltsbereich ausgewiesen werden. Die aufklärerische Haltung der Kritik konkretisiert sich auch explizit oder implizit in den Formulierungen von zahlreichen Leitfragen. Aber letztlich ist ein kritischer Politikunterricht nur glaubwürdig, wenn er auch selbst von Zeit zu Zeit zum Gegenstand der gemeinsamen kritischen Reflexion wird. Dieser Anspruch soll durch den letzten Schritt der Planungsmethoden (Rückblick und Ausblick) gesichert werden. Insofern ist der methodenorientierte Politikunterricht strukturell darauf ausgerichtet, die Haltung der Kritik im Unterricht positiv zu erfahren.

6. These:
Die Planungsmethoden sind nicht nur ein Instrument der Unterrichtsplanung für Lehrende, sie können auch einen transparenten Politikunterricht ermöglichen, Phasen der Unterrichtsreflexion rational strukturieren, im Idealfall zur gemeinsamen Planungsbasis von Lehrenden und Lernenden werden und Lernende herausfordern, ein Thema selbstständig zu bearbeiten

Transparenz ist zunächst ein Wert an sich. So wie die Transparenz von gesellschaftlichen und politischen Verhältnissen in einer Demokratie generell wünschenswert ist, so ist auch die Transparenz der schulischen Verhältnisse wünschenswert. Es kann weder mündige Bürger und Bürgerinnen noch mündige Schüler und Schülerinnen geben, wenn diese ihre Lebensverhältnisse nicht durchschauen. Politikunterricht wird transparent, wenn seine Gestaltung nicht ein Geheimnis der Lehrenden bleibt, sondern für alle Beteiligten rational durchsichtig wird. Wird der Politikunterricht methodenorientiert gestaltet, ist es ein Leichtes, die Planung rational durchsichtig zu machen, da die Planungsmethoden bewusst in einer einfachen Sprache formuliert wurden. Entsteht bei den Lernenden ein Verständnis für die Planungshorizonte, wird es auch einfacher, Phasen des Rückblicks auf den vorangegangenen Fachunterricht sinnvoll zu strukturieren. Soweit die Lehrenden darüber hinaus bereit sind, den Politikunterricht teilweise gemeinsam mit den Lernenden zu planen – und damit mehr gemeint sein soll als in der abschließenden Phase des Ausblicks einige Ideen und Anregungen zu sammeln –, können die Planungsmethoden auch zur gemeinsamen Planungsbasis werden und zum selbstständigen Lernen führen. Insofern besteht ein Zusammenhang zwischen Methodenorientierung, transparenten Lehr- und Lernprozessen und der Verbesserung der Chancen, die Fähigkeit zur Mitbestimmung zu fördern.

7. These:
Der methodenorientierte Politikunterricht übernimmt das Pluralismusgebot, das für eine demokratische Unterrichtskultur selbstverständlich sein sollte

Alle Methoden sind offen für die freie Entfaltung der politischen Überzeugungen der Lernenden. Nicht eine einzige Leitfrage zielt auch nur verdeckt darauf ab, die Schüler und Schülerinnen auf eine bestimmte politische Gesinnung festlegen zu wollen. Nicht das Prinzip der zureichenden Belehrung gilt, sondern das Prinzip des gründlichen Fragens. Die Strukturierung der Lehr- und Lernschritte über Leitfragen soll eine politische Bildung im Sinne einer Suchbewegung initiieren, die Identifikation dessen, was politisch notwendig oder vernünftig ist, bleibt der freien Urteilsbildung des Einzelnen überlassen. Kritisch und selbstkritisch kann dieser Prozess jedoch nur verlaufen, wenn alle ernsthaften Standpunkte, die auch die politische Diskussion über ein Thema prägen, im Unterricht angemessen zu Wort kommen und in einem Klima der Toleranz kritisch-rational geprüft werden. Insofern gehört das Pluralismusgebot auch zur geistigen Grundlage der MPD.

8. These:
Der methodenorientierte Politikunterricht schlägt viele Brücken zwischen der Struktur der Sache und den Lernsubjekten

Der politische Unterricht darf sich nicht nur an der Struktur der Sache orientieren, er muss sich auch öffnen für das gesamte Spektrum subjektiver Bezüge und Verarbeitungsformen. Das heißt, im politischen Unterricht müssen die Lernenden Raum haben, ihre Vorerfahrungen, ihre kognitven Haltungen, ihre Gefühle und Phantasien einzubringen und zu bearbeiten. Andernfalls kann Lernen in dem Sinne von „sich verändern" nicht stattfinden. Um diesem Anspruch Rechnung zu tragen, wurde bei jeder Planungsmethode zumindest eine Leitfrage subjektbezogen ausformuliert. Auch die Tatsache, dass einige Schritte der Planungsmethoden Formulierungen aufweisen wie „nachempfinden" oder „sich einfühlen", ist in diesem Kontext einzuordnen. Grundsätzlich ist natürlich die Realisierung des letzten Schrittes der Planungsmethoden (Rückblick und Ausblick) immer ein Versuch, die Lernenden in ihrer individuellen Sicht ernst zu nehmen. Der im vorangegangenen Kapitel formulierte schulpädagogische Ratschlag, „Reflektieren Sie die Bedeutsamkeit des Themas für das Leben der Lernenden und suchen Sie nach Möglichkeiten, die subjektive Bedeutsamkeit des Themas anzusprechen" – anders gesagt: die Forderung nach einer ich-nahen Unterrichtsvorbereitung –, gehört auch in diesen Kontext. Soweit es im Unterricht gelingt, zwischen der Struktur der Sache und der Situation der Lernenden Brücken zu schlagen, fördert dies die Motivation der Lernenden, erfahren die Schüler und Schülerinnen eher und konsequenter, dass die Politik auch ihr Leben betrifft, werden Lernprobleme und Lernwiderstände eher und umfassender erfasst, mindern sich die Gefahren, dass sich der Politikunterricht in Langeweile verliert oder von Disziplinproblemen überlagert wird.

9. These:
Der methodenorientierte Politikunterricht kann mit einer kreativen Methodik vernetzt werden, ohne das Ziel der fachlichen Kompetenz aus den Augen zu verlieren

Bereits Ende des 18. Jahrhunderts wandten sich aufgeklärte Pädagogen gegen die Buchschule und machten Rollenspiele, Erkundungsgänge usw. zum festen Bestandteil ihres Methodenrepertoires. Im letzten Jahrhundert wurde z. B. im Rahmen der Reformpädagogik, der Alternativschulbewegung und der Gestaltpädagogik die Verkopfung schulischer Lernprozesse kritisiert und stattdessen ein Lernen mit Kopf, Herz und Hand gefordert. Der hier vorliegende Versuch, den Politikunterricht sowohl sozialwissenschaftlich zu strukturieren als auch erfahrungsorientiert zu gestalten – die Unterrichtsbeispiele in dieser Schrift sollen die Verknüpfung dieser Ansprüche verdeutlichen –, ist in die Tradition schulkritischer Pädagogik einzuordnen. Eine erfahrungsorientierte politische Bildung gelingt, wenn die traditionellen Möglichkeiten der Wissensvermittlung bzw. rationalen Analyse verschränkt werden mit spielerisch-gestaltenden bzw. kognitiv-produktiven Varianten. Spielerisch-gestaltende Methoden sind z.B.: die Ver- und Enträtselung einer Quelle, Standbilder, die Sprechmühle, fiktive Interviews etc. Kognitiv-produktive Methoden sind z.B.: Spinnweb-Analyse, Ich-Texte, Perspektivenwechsel, Partnerinterview etc. Werden erfahrungsorientierte Varianten behutsam und abwechslungsreich integriert, wird ein solcher Unterricht als kreativ wahrgenommen werden und mühelos die Akzeptanz der Lernenden finden. Ein solcher Unterricht macht Spaß, und das ist kein Nachteil. Wenn es darüber hinaus gelingt, die kreative methodische Gestaltung des Lernweges an der Systematik der zuständigen Planungsmethode zu orientieren, wird ein solcher Politikunterricht zugleich hohe fachliche Kompetenz vermitteln. Die Schüler und Schülerinnen gehen nicht mehr mit dem Gefühl aus dem Unterricht heraus, mal wieder nur stundenlang herumgeredet resp. gelangweilt geschwiegen zu haben.

10. These: Die MPD sucht eine Balance zwischen dem fachwissenschaftlich Notwendigen, plausibel begründeten didaktischen Vorgaben sowie dem Erfordernis, in der Gestaltung der konkreten unterrichtlichen Praxis soviel Freiheit wie möglich zu gewähren

Die vorangegangenen Ausführungen sollten verdeutlichen, was von der Sache her notwendig bzw. didaktisch unverzichtbar ist. Gleichwohl ist die MPD kein Diktat, das Methodenrepertoire ist kein Zwangskorsett. Es bleiben die Freiräume, konkrete Themen auszuwählen, den Lehr- und Lernprozess auf den Ebenen Quellen, Medien, Unterrichtsmethoden und Sozialformen zu gestalten. Es besteht auch die Freiheit, die einzelnen Lehr- und Lernschritte zugleich unterschiedlich zu gewichten und – wenn es die Lernbedürfnisse erfordern – in einer einzelnen Phase länger oder kürzer zu verweilen als ursprünglich geplant. Selbstverständlich kann ein Lehr- und Lernweg auch verlassen werden, um Nebenwege einzuschlagen. Die konkrete pädagogische Situation sollte immer Vorrang vor der Planung haben. Kurzum: Im konkreten Unterrichtsalltag ist mit dem Methodenrepertoire flexibel und situationsgerecht umzugehen, eine dogmatische Handhabung wäre völlig verfehlt.

10. Literaturhinweise zur MPD

Die Entstehung und Entwicklung der methodenorientierten Politikdidaktik dokumentiert sich in zahlreichen Beiträgen. Ich gebe hier für
Interessierte einen Überblick über die von mir verfassten Schriften
und Aufsätze:

- Politikunterricht – konflikt- und problemorientiert. Plädoyer für eine Revision der Konfliktdidaktik Hermann Gieseckes, in: Materialien zur Politischen Bildung, H. 3/1980
- Wege politischen Lernens. Methodenorientierte Politikdidaktik als Alternative zur Pädagogik der guten Absichten, Frankfurt am Main 1986
- Plädoyer für eine methodenorientierte Politikdidaktik, in: Politik – unterrichten, hrsg. vom Vorstand der Deutschen Vereinigung für Politische Bildung e.V., Landesgruppe Niedersachsen, H. 2/1987
- Artikulationsschemata in der politischen Bildung. Ein Plädoyer für gegenstands- und schülerbezogene Lehr- und Lernwege, in: Die Deutsche Schule, H. 2/1988
- Lehr- und Lernwege für den Politikunterricht. Rückfall in die pädagogische Steinzeit oder pädagogischer Fortschritt? In: Erfahrungsorientierte Methoden der politischen Bildung, hrsg. von der Bundeszentrale für politische Bildung, Bonn 1988
- Reflexionen nach vorn: Politikunterricht exemplarisch, systematisch und kritisch entfalten, in: Politik – unterrichten, H. 2/1988
- Die Kirche „Politische Bildung" schlägt zurück – Widerspruch im Namen kritischer Rationalität, in: Politik – unterrichten, H. 2/1989
- Methodenorientierter Politikunterricht. Perspektiven für eine kritische und kreative politische Bildung, Düsseldorf 1992
- Methodenorientierte Politikdidaktik. Konzepte zur Planung und Strukturierung politischer Lernprozesse, in: Konzepte der Politikdidaktik. Aktueller Stand, neue Ansätze und Perspektiven, hrsg. von Wolfgang Sander, Hannover 1992
- Methodenorientierte Politikdidaktik. Zum aktuellen Stand einer politikdidaktischen Konzeption, in: Politisches Lernen, H. 1/1993
- Methodenorientierte Politikdidaktik – eine pragmatische Alternative zur Feiertagsdidaktik, in: Gesellschaft – Erziehung – Politik, H. 10/1993
- Schlüssel zur Politik. Ein Arbeitsbuch für berufsbildende Schulen, Berlin 1996 (zus. mit G. Tegtmeyer u.a.).
- Konzepte zur Sachanalyse und Unterrichtsplanung, Schwalbach/Ts. 1997
- Gewalt gegen Ausländer. Didaktisch-methodisch aufbereitete Anregungen für politische Lernprozesse, hrsg. von der Niedersächsischen Landeszentrale für politische Bildung, Hannover 2001

- Kreativer Politikunterricht. Wider die Langeweile im schulischen Alltag, 3. überarb. Auflage, Schwalbach/Ts. 2007

Ich bin an Erfahrungsberichten bzw. Kritik sehr interessiert. Bitte senden Sie entsprechende Beiträge an folgende E-Mail-Adresse: bjkum@htp-tel.de.

**WOCHEN
SCHAU
VERLAG**

... ein Begriff für politische Bildung

Politikdidaktik

Siegfried Frech/Hans-Werner Kuhn/
Peter Massing (Hrsg.)

Methodentraining für den Politikunterricht I

Die Professionalisierung im Unterricht hängt nicht nur von der Anzahl der zur Verfügung stehenden Methoden ab, sondern auch von der Qualität des Umgangs mit diesen Methoden in Alltagssituationen. Hier knüpft die neue Art des Methodentrainings an. Es werden Wege und Materialien bereit gestellt, die die Unterrichtsmethoden unmittelbar und mit geringem Aufwand für den Unterricht anwendbar machen. Dabei werden typische, immer wieder auftretende Schwierigkeiten und Fehlerquellen verdeutlicht. Für Selbststudium und Selbsttraining geeignet.

ISBN 978-3-89974096-7, DIN A 4-Format,
Kopiervorlagen und Checklisten,
240 S., € 29,80

Gotthard Breit/Siegfried Frech/
Detlef Eichner/Kurt Lach/Peter Massing

Methodentraining für den Politikunterricht II

Arbeitstechniken: Sammeln und Ordnen von Informationen I Lesen, Markieren, Exzerpieren I Umgang mit Tabellen, Schaubildern, Statistiken I Umgang mit Aufgaben, Aufgabenformulierung I Protokoll, Niederschrift I Kurzreferat, Referat I Facharbeit I Tafelbild I Arbeitsblatt I Test, Klausur, schriftliche Übung I Moderieren I Vortragen und Präsentieren I Metaplantechnik I Unterrichtsgespräch und Fragetechnik I Strukturbilder und -skizzen. *Sozialformen:* Klassen- bzw. Frontalunterricht I Einzelarbeit I Partnerarbeit I Gruppenarbeit bzw. -unterricht I Offene Unterrichtsformen. *Unterrichtsphasen:* Einstieg I Information I Anwendungsphase, Metakommunikation

ISBN 978-3-89974238-1, DIN A 4-Format,
Kopiervorlagen und Checklisten,
240 S., € 29,80

wochenschau-verlag.de

A.-Damaschke-Str. 10, 65824 Schwalbach/Ts., Tel.: 06196/86065, Fax: 06196/86060, info@.wochenschau-verlag.de